Meine kleine Fotoschule

Einstieg in die digitale Spiegelreflexfotografie

Verlag:
BILDNER Verlag GmbH
Bahnhofstraße 8
94032 Passau

http://www.bildner-verlag.de
info@bildner-verlag.de

Tel.: +49 851-6700
Fax: +49 851-6624

ISBN: 978-3-8328-0247-9

Covergestaltung: Julian Bammer
Autor: Ronny Lauer
Lektorat: Anja Schmid
Herausgeber: Christian Bildner

Vorwort

Liebe Leserinnen und Leser,

in den zahlreichen Seminaren und Workshops, die ich in den letzten 20 Jahren im Bereich Fotografie und Bildbearbeitung geleitet habe, gab es immer wieder Anfragen von Kursteilnehmern nach geeigneter Literatur. Viele meiner Kollegen veröffentlichen große Werke mit unglaublich vielen sehr gut recherchierten Informationen.

Ich möchte in diesem Buch einen anderen Weg beschreiten. Meine Erfahrung, die ich bereits seit 1993 als Dozent in unterschiedlichsten Fotokursen sammeln durfte, hat mich gelehrt, dass viele Neueinsteiger zunächst mal mit der Kamera erste Erfahrungen und vor allem Erfolgserlebnisse sammeln wollen, bevor sie sich mit theoretischen Dingen wie Blende und Verschlusszeit im Detail auseinandersetzen. Diese beiden Themen sind durch ihre Zahlenstruktur (Kehrwerte, nicht lineare Zusammenhänge) sehr übungsintensiv und sorgen am Anfang für extrem viele Fehlschüsse. Einen „Treffer“ mit der Automatikfunktion halte ich am Anfang für unglaublich wichtig, um die Motivation aufrecht zu erhalten. Fehlschüsse mit den Kreativprogrammen bringen hingegen meist wenig Motivation.

Aus diesem Grunde befasse ich mich in dieser EINSTEIGER-Ausgabe mit den Grundlagen des Fotografierens, mit der Erklärung des Autofokussystems und gebe Ihnen Übungsanleitungen mit, sodass Sie in kleinen Einheiten und mit Freude in Situationen des Alltags erste Erfolgserlebnisse erzielen können.

In einem zweiten Buch werde ich die Zusammenhänge von Blende und Verschlusszeit, gepaart mit den daraus resultierenden Bildgestaltungsmöglichkeiten ausführlich besprechen, Ihnen Übungen und Tipps an die Hand geben und Sie auch gerne bei dem nächsten Schritt begleiten.

Meine Beispielfotos sind weitestgehend mit Einsteiger-Kameras erstellt worden, um Ihnen zu zeigen, dass nicht die teure Vollformat-Kamera das gute Bild macht. Ich verzichte bewusst darauf, Bilder aus meinem Studio-Alltag, gespickt mit großer Studio Lichtausstattung, teuren Objektiven oder Models, die stundenlang in mühevoller Kleinarbeit von einer Visagistin „aufbereitet“ worden sind, zu zeigen. Vielmehr habe ich extra für dieses Buch Alltagsmotive mit den im Buch vorgestellten Programmen fotografiert, um Ihnen das Nachstellen der Situationen und das Üben zu erleichtern.

Ich werde Ihnen an verschiedenen Stellen im Buch Übungen vorschlagen, um die Themen des Kapitels zu wiederholen. Je häufiger Sie die Übungen wiederholen, desto sicherer werden Sie im Umgang mit Ihrer Kamera und desto wahrscheinlicher ist es, dass Sie in einer spontanen Situation die richtigen Knöpfe finden, bevor die Situation vorbei ist.

Ich wünsche Ihnen viel Spaß beim Fotografieren und viel Erfolg!

Ronny Lauer

Vorwort

Ulrike Heidenreich, Leiterin der Volkshochschule im Landkreis Merzig-Wadern

Liebe Leserin, lieber Leser,

Fotokurse erfreuen sich in den Volkshochschulen immer größerer Beliebtheit, nicht zuletzt seit die Digitalfotografie mit ihren beinahe unendlich erscheinenden Möglichkeiten auch in der Freizeitfotografie Einzug gehalten hat.

Dabei hängt der individuelle Erfolg des Einzelnen vor allem davon ab, inwieweit es der Dozent schafft, auf die Kursteilnehmer und Ihre speziellen Erfahrungen, Interessen und Bedürfnisse einzugehen.

Der Autor dieses Buches, Herr Ronny Lauer, ist seit mehr als 20 Jahren erfolgreich als Dozent an verschiedenen Volkshochschulen tätig. In mehr als 500 gehaltenen Kursen und über 10.000 Unterrichtsstunden konnte er zusätzlich zu seiner unbestrittenen, hohen Fachkompetenz enorme Erfahrungen im Volkshochschulalltag sammeln und ein Gespür für die Bedürfnisse und Interessen seiner Kursteilnehmer entwickeln.

Aus eigener Erfahrung als Kursteilnehmerin kann ich nur bestätigen, dass es Herr Ronny Lauer wie kein anderer versteht, zum einen Spaß und Begeisterung am Thema zu wecken und zum anderen die richtigen Tipps und Tricks für eigene schnelle Erfolgserlebnisse beim Fotografieren zu vermitteln. Er veranschaulicht auch sehr komplexe Sachverhalte stets leicht verständlich und mit einem Augenzwinkern.

Darum freut es mich umso mehr, dass Herr Lauer sich entschlossen hat, mit diesem Buch seine Erfahrung und sein umfangreiches Wissen einem noch breiteren Publikum (sei es zur Nachbereitung eines Volkshochschulkurses oder zum individuellen Selbststudium), zugänglich zu machen.

Und somit bleibt mir nichts weiter als Ihnen bei der Lektüre dieses ebenso hilfreichen wie kurzweiligen Lehrwerks und bei der Weiterentwicklung Ihrer Fotokünste viel Spaß und Unterhaltung zu wünschen.

Ulrike Heidenreich
Leiterin der Volkshochschule im Landkreis Merzig-Wadern e.V.

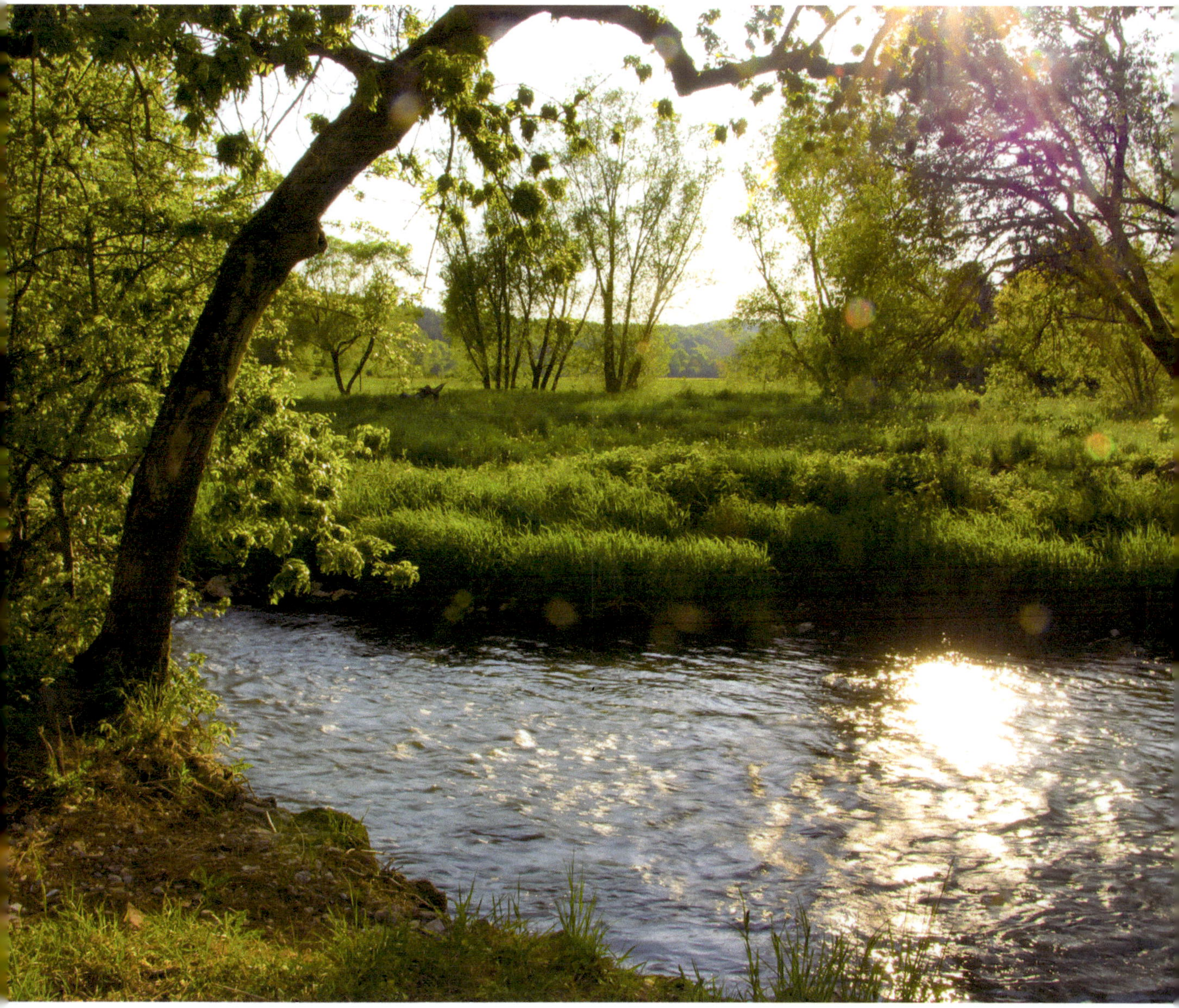

Inhalt

1 Kameras und wie man sie behandelt 11

1.1 Kameratypen 12
Digitale Kompaktkameras 12
Digitale Bridgekameras 12
Digitale Spiegelreflexkameras 13
Systemkameras 16

1.2 Basiszubehör und andere nützliche Utensilien 17
Speicherkarten 17
Immer unter Strom - Ersatzakkus 19
Bitte angurten! 19
Kameratasche 21
Stativ verwenden 22
Fernauslöser 23
Sonnenblende 25
Blitzdiffusor 25

1.3 Kamerahandling 26
Wie Sie die Kamera halten 26
Sucher oder Display 27
Live-View 28
Ein- und ausschalten 29

1.4 Ausrüstung schützen und reinigen 30
Schutzvarianten für das Glas des Objektivs 30
Kameragehäuse 30
Feuchtigkeit 31
Reinigen der Kamera 31

1.5 Bildauflösung und Dateiformat 32
Auflösung 32
RAW oder JPG 35

2 Objektive 39

2.1 Brennweite 40

2.2 Kit-Objektive 42

2.3 Universalobjektive mit Mega-Zoom 43

2.4 Teleobjektive 45

2.5 Warum kein Zoom? - Festbrennweiten 46

2.6 Kleine Dinge werden groß - Makro-Objektive 47

2.7 Bild-Stabilisator ... 49

2.8 Objektivwechsel ... 50

2.9 Was kann schiefgehen ... 51

2.10 Übungen ... 51

3 Autofokus ... 53

3.1 Autofokus bedienen ... 54
Autofokus ein- und ausschalten ... 54
Vorgehensweise beim Auslösen ... 55
Autofokus und Belichtung ... 57
Manuelle Festlegung des aktiven Messfeldes ... 58

3.2 Autofokus-Betriebsarten ... 58
One Shot oder AF Single ... 58
AI Servo oder AC(ontinious) ... 58
AI Fokus ... 59

3.3 Problemfälle für den Autofokus ... 60
Zu dunkel ... 60
Zu nah dran ... 60
Zu wenig Kontrast ... 60

3.4 Übungen ... 62

3.5 Was kann schiefgehen ... 62

4 Technische Grundlagen der Fotografie ... 65

4.1 ISO-Empfindlichkeit ... 66

4.2 Blende und Verschlusszeit ... 69
Kurz oder lang? Geschlossen oder offen? ... 70

4.3 Blitzen ... 73
Leitzahl - Reichweite des Blitzes ... 74
Wann wird geblitzt? ... 74
Wann wird nicht geblitzt? ... 75
Rote Augen? ... 76
Übungen ... 76
Was kann schiefgehen ... 77

4.4 Weißabgleich ... 77

5 Programme ... 81

5.1 Programmgruppen ... 82

5.2 Automatikprogramme ... 84
Vollautomatik ... 84
Vollautomatik ohne Blitz ... 86

5.3 Motivprogramme ... 86
Porträtprogramm ... 86
Nachtporträt ... 87
Landschaftsprogramm ... 88
Sportprogramm ... 89
Nahaufnahmen ... 90

5.4 Die Programmautomatik ... 91

5.5 Video mit der Spiegelreflexkamera ... 94

5.6 Übungen ... 97

5.7 Was kann schiefgehen ... 98

6 Bildgestaltung ... 101

6.1 Perspektive ... 102

6.2 Goldener Schnitt und Drittel-Regel ... 103

6.3 Schärfentiefe ... 104

6.4 Praxis Porträtfotografie ... 107
Location ... 107
Auswahl des Hintergrundes ... 109
Bildausschnitt / Bildgestaltung ... 110
Kameraeinstellung ... 111
Übungen ... 113

6.5 Praxis Landschaftsfotografie ... 114
Vorbereitungen ... 114
Motivauswahl / Bildausschnitt ... 114
Perfekt ausgerichtet mit Stativ und Wasserwaage ... 115
Kameraeinstellung ... 116
Übungen ... 116

6.6 Praxis Nahaufnahmen / Makro ... 117
Was ist Makro? ... 117

Motivauswahl ... 118
Perspektive ... 118
Lichtsituation ... 118
Hintergrund ... 119
Kameraeinstellungen ... 119
Autofokus ... 119
Übungen ... 120
Was kann schiefgehen ... 120

6.7 Praxis Nachtaufnahmen ... 121
Vorbereitungen ... 121
Motivauswahl ... 121
Ausstattung ... 122
Kameraeinstellung ... 122
Übungen ... 123
Was kann schiefgehen ... 124

7 Fotos betrachten, verwalten und bearbeiten ... 127

7.1 Bildwiedergabe und Übertragung ... 128
Das Kamera-Display ... 128
Computer oder Fernseher? ... 128
Große Präsentation am Beamer ... 129
Kopieren der Fotos auf den Computer ... 129

7.2 Bildverwaltung ... 132
Nutzung von Programmen zur Sortierung ... 132
Vorschläge für ein eigenes Ordnungssystem ... 133

7.3 Datensicherung ... 136

7.4 Bilder am PC bearbeiten ... 137

8 Index ... 146

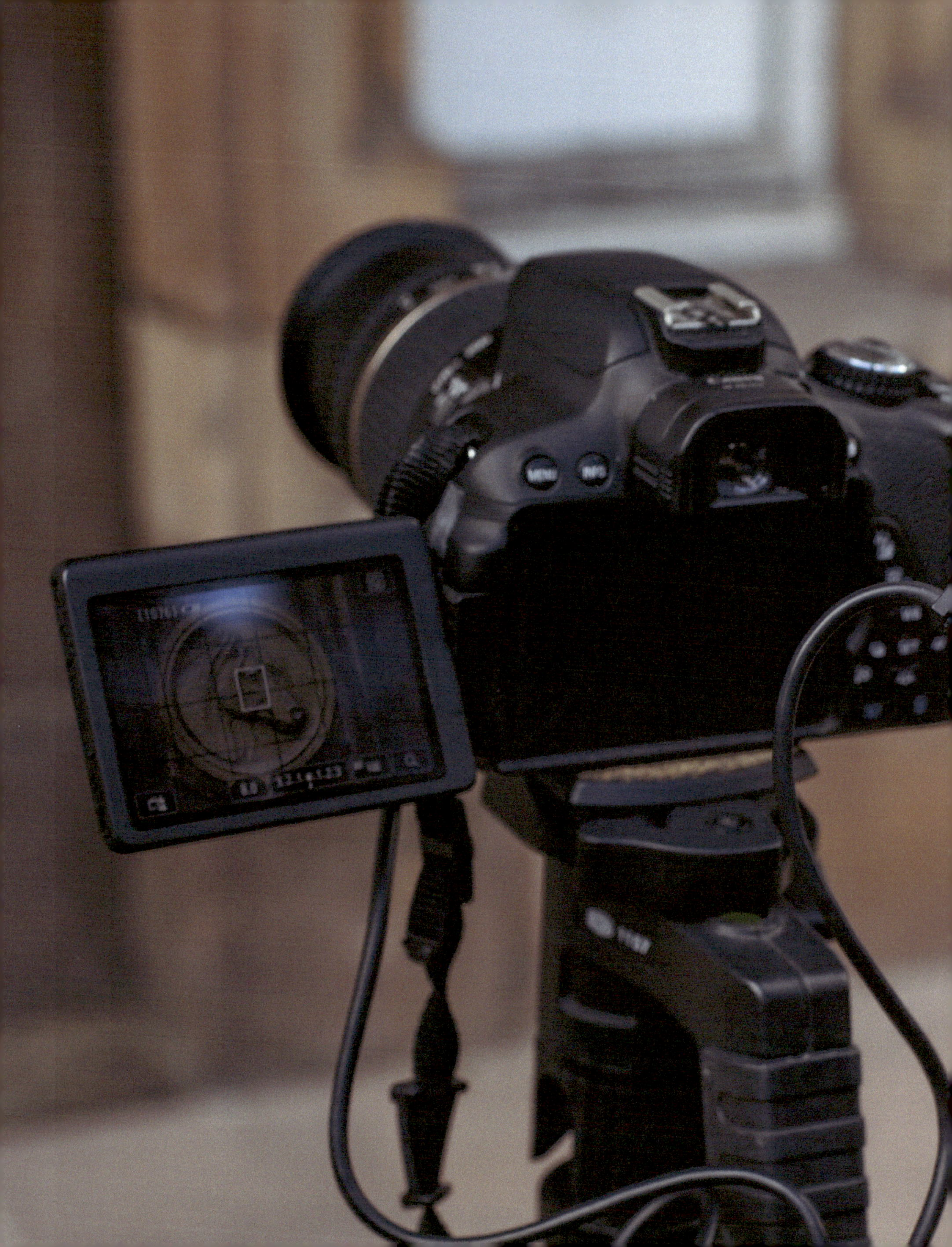

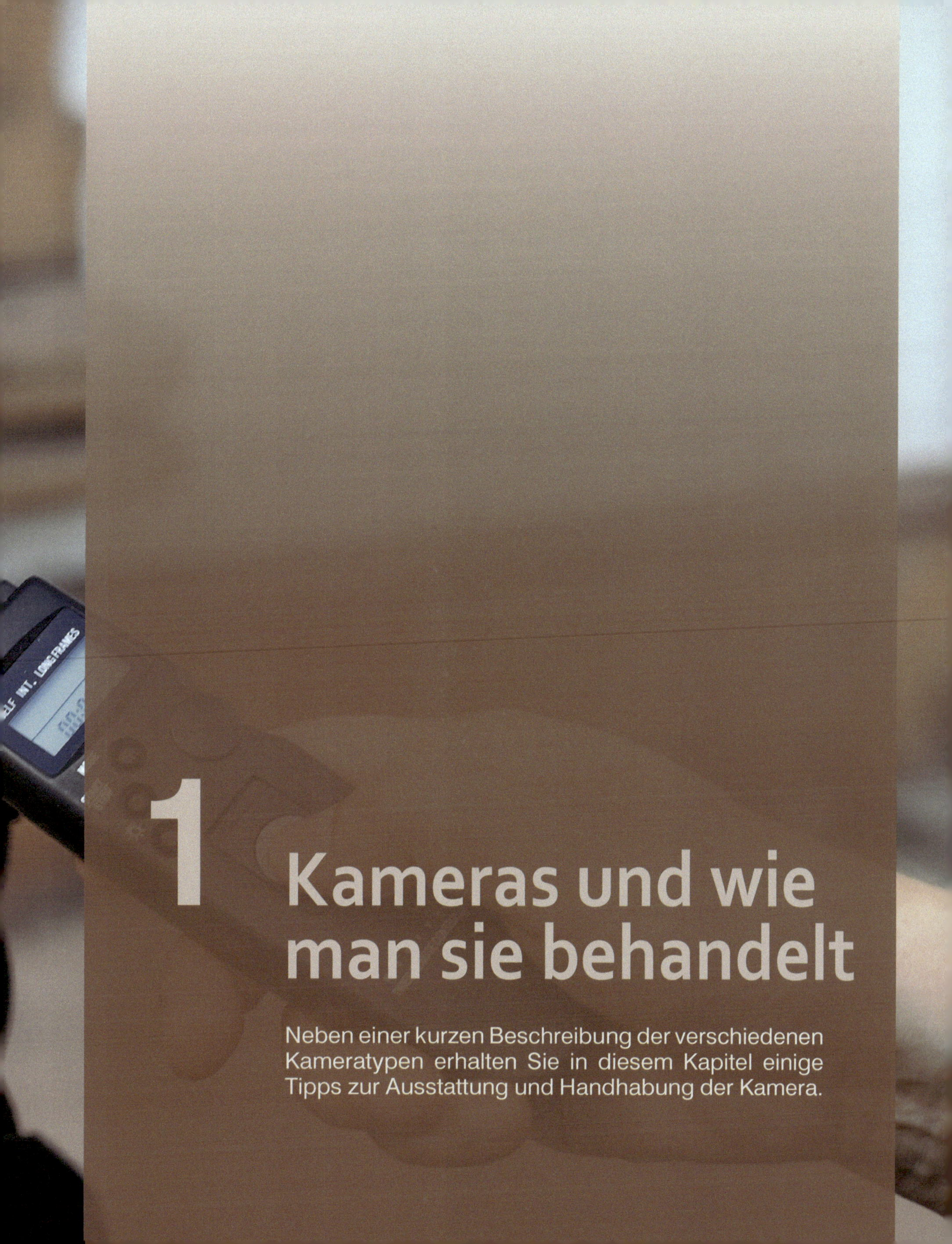

1 Kameras und wie man sie behandelt

Neben einer kurzen Beschreibung der verschiedenen Kameratypen erhalten Sie in diesem Kapitel einige Tipps zur Ausstattung und Handhabung der Kamera.

1.1 Kameratypen

Es gibt verschiedene Arten von Kameras, die für verschiedene Zwecke geeignet sind. Von der modernen Kompaktkamera mit kleinen Maßen und sehr geringem Gewicht über Bridgekameras mit Zusatzfunktionen bis hin zu den Spiegelreflexkameras bieten die Hersteller ein breites Spektrum an Modellen an.

Digitale Kompaktkameras

Klein und leicht kommen sie im schicken Design daher, bieten dem Benutzer den größtmöglichen Tragekomfort und gehören in der Regel zu den eher günstigen Modellen am Markt. Bedingt durch den Preis, die Größe der Kamera und vor allem des Sensors sind die fotografischen Fähigkeiten dieser Kameras meistens darauf ausgelegt, unterwegs ein paar Erinnerungen festzuhalten. Bei sehr hellen Lichtverhältnissen sind mit guten Kompaktkameras durchaus ansehnliche Ergebnisse zu erzielen.

Digitale Bridgekameras

Üppig ausgestattet mit recht guter Bildqualität bieten die sogenannten Bridgekameras eine Zwischenlösung an für diejenigen, die sich mit der Fotografie etwas intensiver beschäftigen wollen, sich jedoch aus Kosten- oder Gewichtsgründen keine Spiegelreflexkamera anschaffen wollen. Viele Bridgekameras erzielen qualitativ hochwertige Ergebnisse.

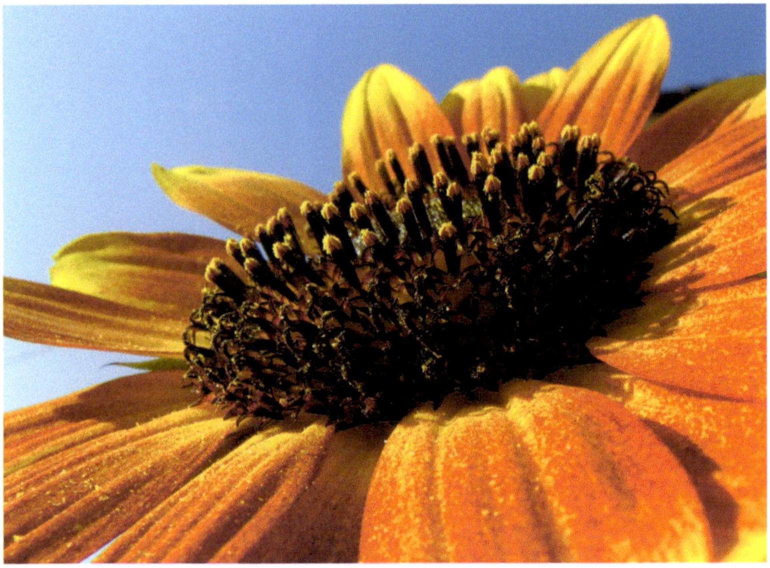

Bild 1.1 Dieses Bild entstand im Rahmen eines Kameratests mit der Bridgekamera Canon Powershot SX 20 IS

Digitale Spiegelreflexkameras

Für den begeisterten Fotografen bietet die digitale Spiegelreflexkamera (auch DSLR genannt) die größten Möglichkeiten, sich kreativ zu betätigen und durch den Einsatz von Wechselobjektiven ist der Benutzer in der Lage, für jede Situation die passende technische Ausstattung zu verwenden.

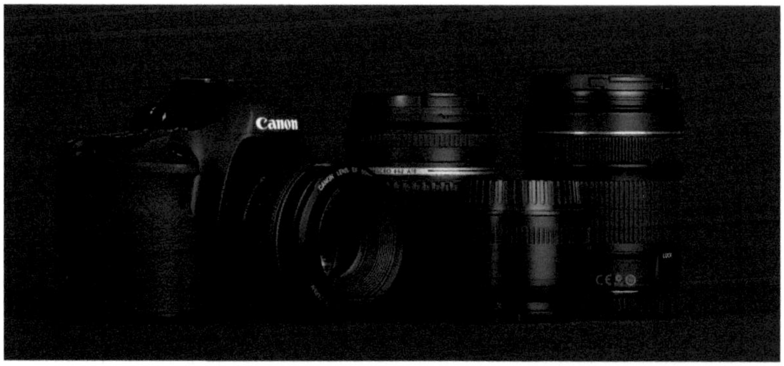

Bild 1.2 Wechselobjektive bieten eine große Flexibilität

Kostete im Jahr 2001 meine erste digitale Spiegelreflexkamera (Canon EOS D30) noch 6.000 DM + Mwst. (ohne Objektiv), so sind die digitalen Spiegelreflexkameras heute relativ erschwinglich geworden und der Preisbereich um 500 € - teilweise mit Ojektiv - bewegt viele Konsumenten dazu, sich eine solche Kamera zu kaufen.

In meinen Workshops treffe ich oft auf Teilnehmer, die teilweise schon über Jahrzehnte Erfahrungen mit der analogen Spiegelreflexkamera gesammelt haben. Sie sind oft verunsichert, weil es „an den digitalen Geräten viel mehr Knöpfe“ gibt als an der „guten alten“ analogen Kamera.

Das hängt damit zusammen, dass einerseits die technische Entwicklung fortschreitet und andererseits der Wettbewerb dafür sorgt, dass sich die Kamerahersteller mit einer Vielzahl an Funktionen gegenseitig übertrumpfen wollen. Ich führte im Rahmen eines Kameratests für einen Fachartikel ein Gespräch mit einem Mitarbeiter aus der Entwicklungsabteilung eines großen Kameraherstellers. Als ich ihn darauf ansprach, dass die eine oder andere Funktion dieses Modells meiner Meinung nach wenig Sinn im Alltag machen würde, antwortete er: „Das wissen wir, aber die Konkurrenz hat es auch – und wenn wir es nicht bieten, wird unser Modell nicht gekauft.“

Dieses offene Gespräch hat mich darin bestärkt, meinen Kursteilnehmer/-innen nicht alles zu zeigen, was man mit einer Kamera machen kann, sondern nur das, was zum Fotografieren wirklich notwendig ist. Für die erfahrenen „Analogfotografen" bedeutet das also, dass die Aufgabe darin besteht, die für sie wichtigsten Funktionen an der Kamera zu finden und sich auf diese zu konzentrieren.

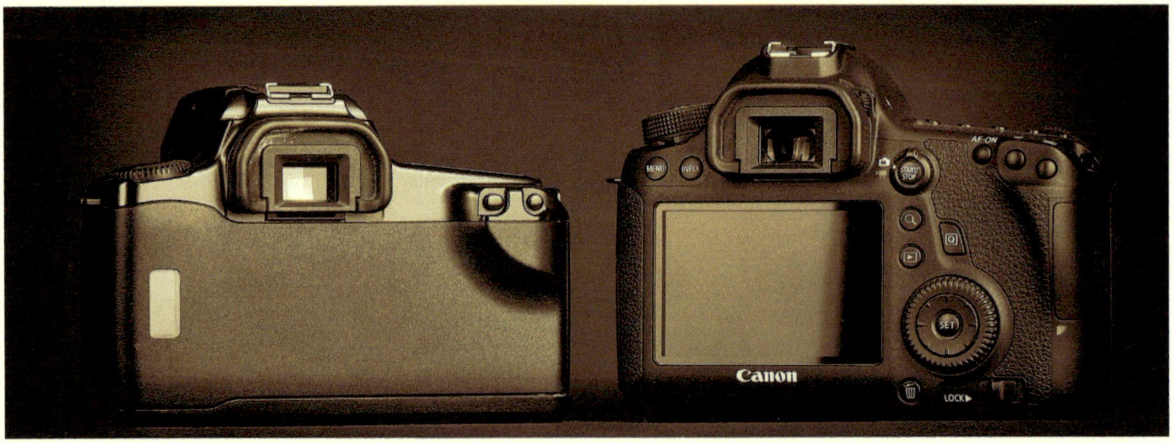

Bild 1.3 Analoge und digitale Kamera im Vergleich

APS-C Kameras

Ein großer Teil der angebotenen Modelle, vor allem im unteren und mittleren Preissegment, haben einen Bildsensor im sogenannten APS-C Format. Der Sensor ist das Bauteil in einer digitalen Kamera, das das einfallende Licht aufnimmt und auf dem das Bild entsteht. Es ersetzt den Film im Gegensatz zur klassischen Kamera. Diese Sensorgröße (ca. 16 x 24 mm) ist etwas kleiner als der Kleinbildfilm (24 x 36 mm), der in der analogen Kamera zum Einsatz kam. Durch die kleinere Bildfläche auf dem Sensor erscheint das gleiche Bild, mit dem gleichen Objektiv aufgenommen, bedingt durch den kleineren Sensor um Faktor 1,6 größer (siehe auch Gegenüberstellung nächste Seite).

Dieser als „Crop-Faktor" bezeichnete Effekt sorgt also dafür, dass bei gleicher Brennweite der gleiche Bildausschnitt erzielt wird wie bei einem Objektiv mit 1,6-facher Brennweite auf einem Vollformatsensor.

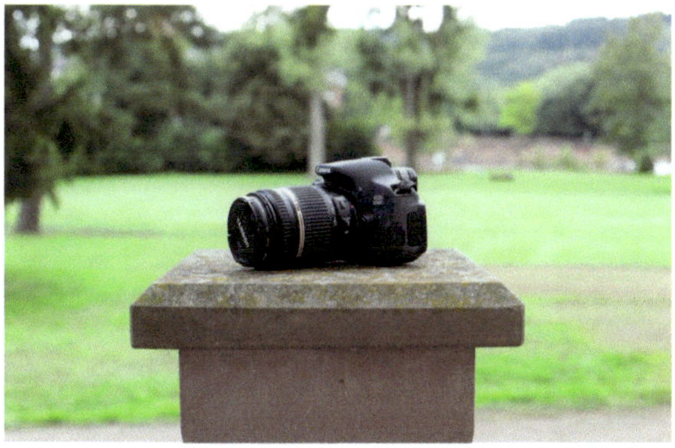

Bild 1.4 Aufnahme mit der Vollformatkamera

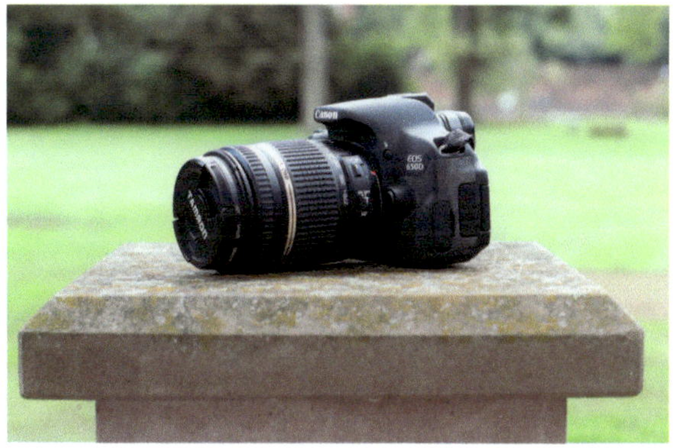

Bild 1.5 Gleiche Aufnahme mit der APS-C Kamera mit dem gleichem Objektiv

Vollformatkameras Großer Sensor – gutes Bild?

Die Vollformatkameras haben, wie bereits erwähnt, einen größeren Sensor. Dieser entspricht mit ca. 24 x 36 mm dem Format der klassischen analogen Kleinbildkamera.

Bei vergleichbarer Pixelzahl und einem größeren Sensor steht für jedes Pixel mehr Fläche zur Verfügung, was mehr Lichteinfall bedeutet. Daraus ergibt sich, dass die einfallenden Signale nicht so sehr verstärkt werden müssen. Folglich werden auch Störsignale nicht so stark verstärkt und das Bildrauschen (siehe Seite 66) fällt entsprechend geringer ins Gewicht.

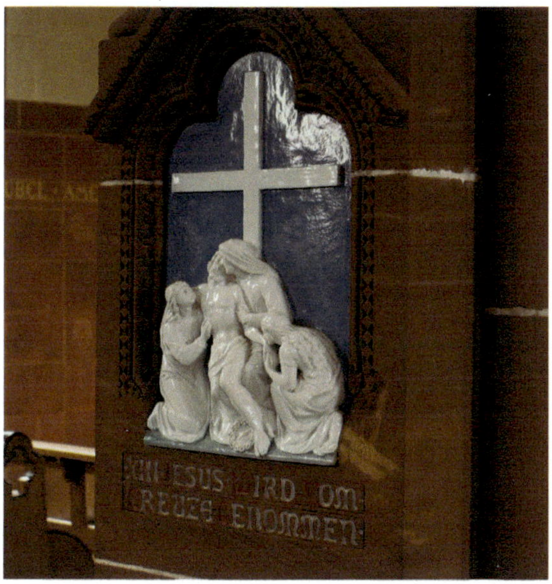

Bild 1.6 Vollformat, hohe ISO-Zahl

Der Vollständigkeit halber sei auch erwähnt, dass die Schärfentiefe bei vergleichbaren Objektiven und Brennweiten bei der Vollformatkamera geringer ausfällt. Das verlangt vom Fotografen einen sicheren Umgang mit dem Autofokus, um auf die richtigen Bereiche scharf zu stellen. Die APS-C Kamera verzeiht kleine Unexaktheiten im Autofokus, wobei die Vollformatkamera diese gnadenlos aufzeigt.

Fazit

Die Anschaffung einer teureren Vollformatkamera lohnt sich dann, wenn man vorwiegend bei wenig Licht fotografiert. Typische Einsatzgebiete für die Vollformatkamera sind Konzerte oder kirchliche Hochzeiten. Für den Einsteiger sind die Kameras im APS-C Format meist – auch aus Budget-Gründen - die ideale Lösung. Wer seine APS-C Kamera beherrscht, wird damit professionelle Ergebnisse erzielen können. Entscheidend ist nicht die Qualität der Kamera, sondern, wer sie in der Hand hält und wie sie bedient wird.

Systemkameras

Bei den Systemkameras handelt es sich um eine Mischung aus Kompakt- und Spiegelreflexkamera. Die Gehäuse sind sehr klein und leicht, ähnlich wie bei den Kompaktkameras. Dadurch lassen sie sich gut transportieren. Das „M“ steht bei vielen Kameras für „mirrorless“, also „spiegellos“. Durch das Einsparen des Spiegels wird die oben angesprochene Leichtigkeit und Kompaktheit ermöglicht. Dieser fehlende Spiegel bedeutet jedoch, dass es technisch nicht möglich ist, einen klassischen optischen Sucher in die Kamera zu integrieren. Die Kamera bietet also zunächst nur die Möglichkeit, über das Display zu fotografieren. Bei einigen Modellen wird ein zusätzlicher elektronischer Sucher eingebaut, um das Fotografieren in hellen Umgebungen zu erleichtern. Der große Vorteil der Systemkameras liegt in der Möglichkeit, das Objektiv zu wechseln. Damit erhalten Sie die gleiche Flexibilität hinsichtlich der verwendeten Optik, wie man sie eigentlich nur von der Spiegelreflexkamera kennt.

1.2 Basiszubehör und andere nützliche Utensilien

Auch nach der Anschaffung von Kamera, Objektiv und Speicherkarte gibt es noch viele kleine Helfer, die beim Fotografieren beste Dienste leisten und oft nicht teuer sind. Zum umfangreichen Thema Objektive erhalten Sie im nächsten Kapitel ausführliche Informationen.

Speicherkarten

Leider sind Speicherkarten meist nicht im Lieferumfang der Kamera enthalten. Im Handel sind eine Vielzahl von Speicherkarten verschiedenster Hersteller erhältlich. Der Käufer hat also „die Qual der Wahl". Gab es früher noch Begrenzungen seitens der Kameras hinsichtlich der maximal nutzbaren Speicherkapazität, so kann man heute davon ausgehen, dass die meisten Kameras Karten bis 64 GB problemlos unterstützen. Klarheit verschafft Ihnen hier im Zweifelsfall das Handbuch der Kamera mit den technischen Daten. Kameras aus dem Profisegment benutzen häufig Compact-Flash Karten. Ein Großteil der digitalen Spiegelreflexkameras aus der Einsteiger- und Mittelklasse arbeitet jedoch mit den weit verbreiteten und günstigen SD-Speicherkarten.

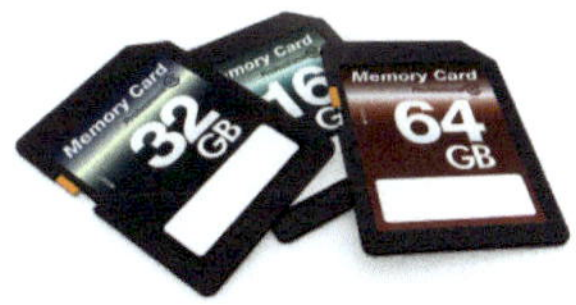

Bild 1.7 Karten mit unterschiedlicher Speicherkapazität

Besser zwei als nur eine Speicherkarte

Die Preise für Speicherkarten sind in den letzten Jahren sehr stark gefallen. Die Kapazitäten der Speichermedien sind gestiegen. Beim Kauf stellt sich also die Frage, wie viele GB man braucht. Generell empfehle ich vor allem für Urlaubsreisen, eher 2 kleine Karten zu kaufen als eine große. Das hängt damit zusammen, dass Speicherkarten schon mal ihre Daten verlieren oder aus anderen Gründen den Dienst quittieren. Wenn Sie von einer Urlaubsreise zurück kommen und eine von zwei Karten hat ihre Daten verloren, so haben Sie immer noch die Bilder auf der anderen Karte.

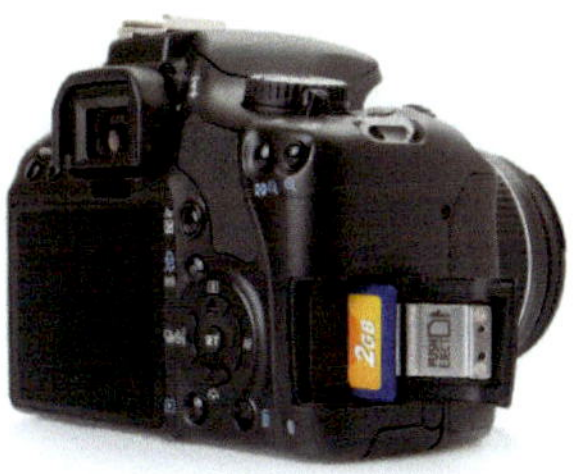

Bild 1.8 Kamera mit Speicherkarte

Speicherkarte entnehmen

Bei vielen Geräten drücken Sie zum Herausnehmen der Speicherkarte zunächst auf die Karte.

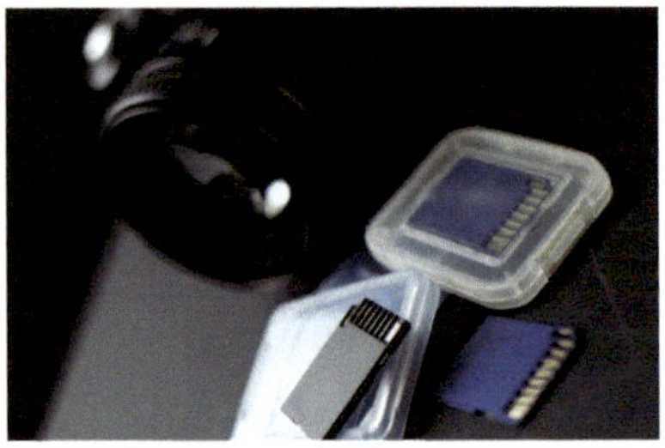

Bild 1.9 SD-Speicherkarten gut geschützt im Etui

Speicherkarte pfleglich behandeln

Um einen Datenverlust zu vermeiden, sollten Sie Ihre Speicherkarten sorgsam behandeln. Dazu gehört, dass die Karten nicht allzu großer Hitze ausgesetzt und vor allem vor Magnetfeldern geschützt werden. Für die Aufbewahrung wird in der Regel ein kleines Etui mitgeliefert, das die Speichermedien unter anderem auch vor Staub schützt.

Bilder am Fernseher oder Computer anzeigen

SD-Speicherkarten sind relativ klein und können auch in vielen anderen Geräten, wie z. B. in Tablet-PCs oder neuen Fernsehern verwendet werden. Wenn Sie Ihre Bilder also im JPG-Format abgespeichert haben, können Sie schnell und unkompliziert die Chip-Karte beispielsweise in Ihren Fernseher einstecken und Ihre Aufnahmen an einem großen Bildschirm bewundern.

Für EDV-begeisterte Fotografen sei an dieser Stelle vielleicht noch erwähnt, dass es SD-Karten gibt, die eine WiFi-Verbindung zu einem Netzwerk aufbauen und die Bilder drahtlos auf den Computer oder auf einen Tablet-PC übertragen. So können Sie Ihre Ergebnisse direkt an einem größeren Display begutachten.

Die Kamera löst nicht aus. Vielleicht ist der Schreibschutz der SD-Karte aktiv?

Schreibschutz bei SD-Speicherkarten

SD-Speicherkarten bieten die Möglichkeit des Schreibschutzes. Ein kleiner Schiebe an der Seite der SD-Karte sorgt auf der Position *LOCK* dafür, dass die Karte schreibgeschützt ist. Das verhindert zwar das versehentliche Löschen und Überschreiben der Daten auf der Karte, allerdings können dann auch keine Bilder auf die Karte gespeichert werden. Erscheint eine entsprechende Warnung auf dem Kamera-Display, wie z. B. *Karte schreibgeschützt*, so ist der Schieber noch in der Position *Lock*.

Einen wichtigen Vorteil bietet der Schreibschutz beim Datenaustausch. Im schreibgeschützten Zustand ist Ihre Karte vor Schadsoftware geschützt und kann hinsichtlich dieses Problems bedenkenlos in ein Terminal zur Bilderentwicklung eingesteckt werden.

Achtung!

Bilder von der Speicherkarte löschen

Ihre Speicherkarte wird es Ihnen durch zuverlässiges Arbeiten danken, wenn Sie Bilder nicht am Computer von der Speicherkarte löschen, sondern mit der Kamera.

Immer unter Strom - Ersatzakkus

Die technische Entwicklung scheint bei den Speicherkarten schneller voranzuschreiten als bei den Akkus. Ich möchte an dieser Stelle einfach nochmal darauf aufmerksam machen, dass die Investition in einen zweiten Akku durchaus sinnvoll ist. Ich erlebe es in sehr vielen meiner Workshops, dass Akkus leer werden. Ich kann mich aber nicht daran erinnern, wann zum letzten Mal jemand gesagt hat „Meine Speicherkarte ist voll“. Ein Ersatz-Akku hilft vor allem bei längeren Fototouren. 32 GB zusätzlicher Speicher in der Kameratasche bereiten wenig Freude, wenn der Akku leer ist!

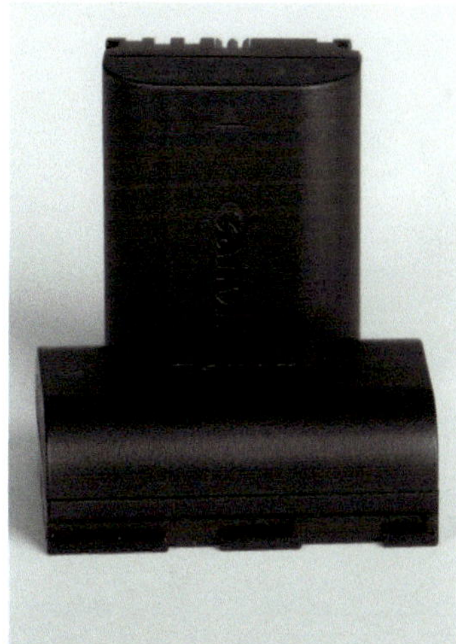

Bild 1.10 Ein Ersatzakku ist vor allem auf Reisen sinnvoll

Zu bedenken ist auch, dass moderne Kameras viele Funktionen bieten, die sehr viel Strom benötigen. Hierzu gehören unter anderem, wie bereits erwähnt die Live-View Funktion, die WiFi-Funktion, der GPS-Empfänger und natürlich das Auslösen des Blitzes. Sollten Sie eine oder gar mehrere dieser Funktionen nutzen, so werden Sie feststellen, dass der Akkufüllstand zusehends abfällt.

Bitte angurten!

Über die Verwendung des mit der Kamera ausgelieferten Gurtes scheiden sich die Geister. Viele Anwender beklagen sich über zu wenig Bewegungsfreiheit mit „der Kamera um den Hals“. Andere berichten – vor allem bei Spaziergängen - von Rückenschmerzen.

Eine weitere Alternative zur Kamerasicherung stellen Handschlaufen dar. Sie sind sehr kurz und die Kamera ist praktisch nur mit der Hand des Fotografen verbunden und ist so auch zumindest gegen das Herunterfallen gesichert.

Der Gurt dient in erster Linie zur Sicherung Ihrer Kamera aber auch zu Ihrer eigenen Sicherheit. Stellen Sie sich vor, Sie fotografieren eine besonders schöne Blume am Ufer eines Flusses und rutschen. Bei der Verwendung des Gurtes haben Sie die Hände schneller frei, um sich abzustützen.

Wenn der serienmäßige Gurt Ihnen zu kurz oder unangenehm ist, so bietet die Industrie einige alternative Lösungen an. Es gibt längere Gurte, die über die Schulter getragen werden. Die Kamera hängt dann auf der gegenüberliegenden Seite in Hüft-Höhe. Das ist sehr angenehm für den Rücken. Ich nutze diese Gurtvariante z. B. bei Hochzeitsreportagen. Hier bin ich mehrere

Stunden mit zwei Kameras „bewaffnet" unterwegs und durch die Schultergurte gibt es trotz des Gewichtes keine Rückenschmerzen, keine Druckstellen oder Ermüdungserscheinungen und ich habe stets die Hände frei.

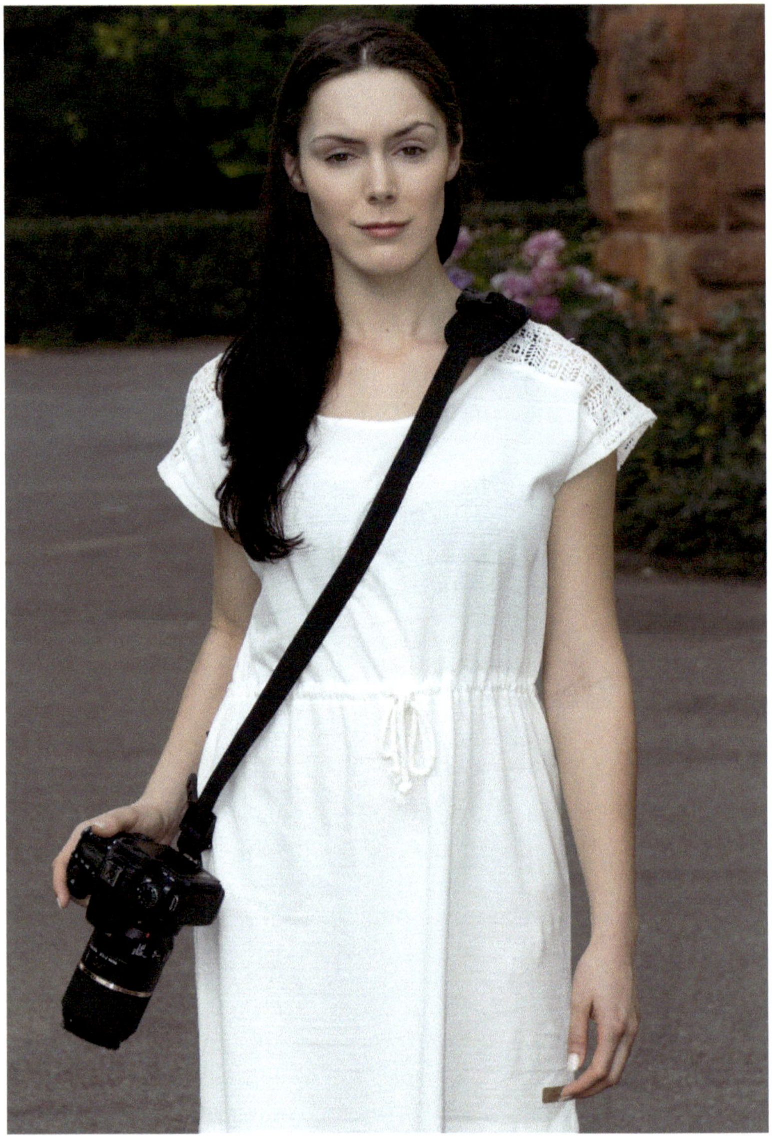

Bild 1.11 Langer Kameragurt

Kameratasche

Kamerataschen gibt es in den unterschiedlichsten Formen und Preislagen. Generell ist es wichtig, Ihre Kamera beim Transport oder wenn sie nicht gebraucht wird, zu schützen. Natürliche Feinde Ihrer Kamera sind neben Staub, Regen, Spritzwasser und umgeworfenen Kaffetassen natürlich auch mechanische Einflüsse durch Fallenlassen oder Stöße. Die Form der gewünschten Kameratasche hängt davon ab, wie Sie Ihre Kamera benutzen wollen.

- Die günstigste Variante sind kleine Umhängetaschen, gerne auch mit Schlaufe zur Befestigung am Gürtel. Hier passt eine Kamera rein, die für kleine Ausflüge und Spaziergänge auch ausreichend geschützt ist.
- Der klassische Rucksack bietet einen großen Stauraum, ein angenehmes Tragen und Bewegungsfreiheit für Hände und Arme. Er bietet ausreichend Platz für mehrere Kameras, verschiedene Objektive oder Blitze. Der Rucksack erfordert jedoch, dass dieser für die Verwendung der Kamera ausgezogen wird, bzw. eine zweite Person, die die benötigten Teile aus dem Rucksack entnimmt.

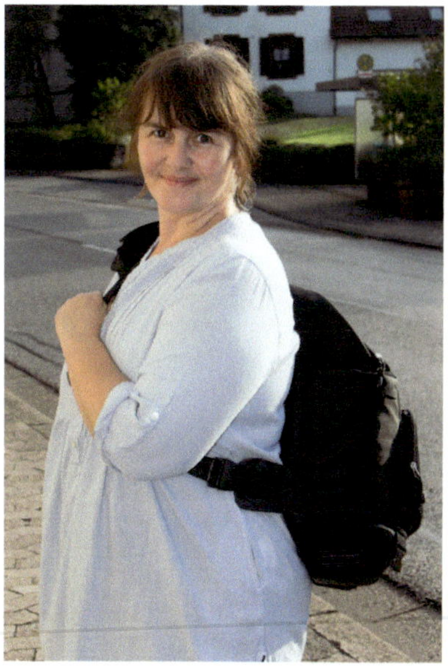

Bild 1.12 Ein Slingbag ist ohne großen Aufwand vom Rücken nach vorne zu drehen und bietet Zugriff auf Ihre Kamera ohne den Slingbag abzulegen

- Eine Alternative hierzu bietet der sogenannte Slingbag. Hier handelt es sich um ein rucksackähnliches Modell, das aber nur einen Gurt hat. Dieser wird diagonal über den Rücken getragen und erlaubt es, das Gepäck vom Rücken nach vorne zu drehen, ohne den Slingbag auszuziehen. Die Öffnung ist so angeordnet, dass eine Entnahme der Geräte ebenfalls ohne Ausziehen möglich ist. Das ist besonders praktisch, wenn man alleine unterwegs ist und wenn es keine trockene Ablagemöglichkeit gibt.
- Besonders gut geschützt ist Ihre Ausrüstung natürlich in einem Koffer. In Kombination mit sogenannten Rasterschaumstoff-Matten können Sie sich selbst, genau passend für Ihre Geräte, eine sehr sichere Transportumgebung gestalten. Verschiedene Hersteller bieten Koffer an, die bis zu fünf Meter Tiefe wasserdicht sind.

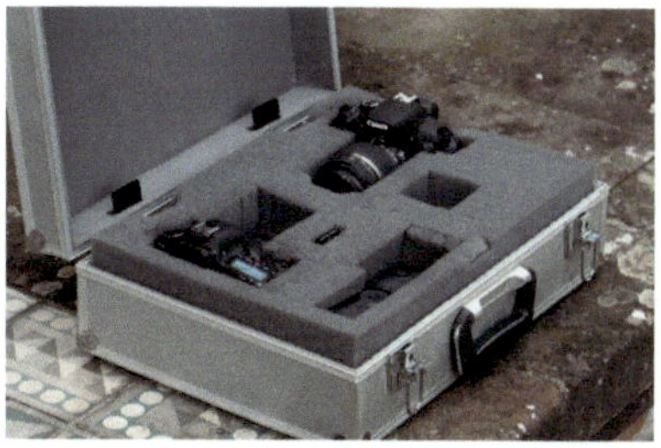

Bild 1.13 Koffer mit Rasterschaumstoff zum sicheren Transport Ihrer Ausrüstung

Stativ verwenden

Noch vor ein paar Jahren war das Stativ mit dabei auf Fototour. Dieser Anblick ist heute eher seltener geworden. Wenn ich in meinen Workshops nachfrage, wer zum nächsten Termin ein Stativ mitbringen kann, dann höre ich oft Antworten wie: „Ich müsste auf dem Speicher noch ein altes Video-Stativ rumliegen haben" oder „ich frage mal meinen Vater, ob der noch das von der alten Spiegelreflex hat".

Tatsächlich ist es jedoch keinesfalls Luxus, in bestimmten Situationen ein Stativ mitzuführen. Es bietet mehrere Vorteile beim Fotografieren. Zunächst ermöglicht es den Bildausschnitt genau zu justieren. So besteht die Möglichkeit, mehrere identische Bilder nacheinander anzufertigen mit unterschiedlichen Einstellungen. Außerdem erlaubt es das Stativ, nahezu unbegrenzt lange zu belichten. Damit werden Nachtaufnahmen oder Aufnahmen von Gegenständen trotz der langen Belichtungszeiten scharf.

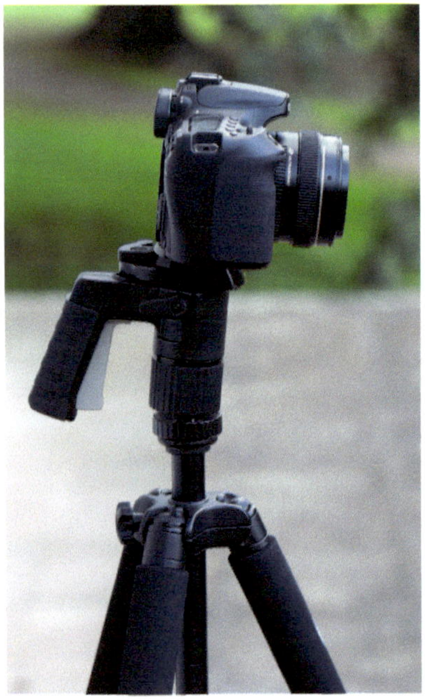

Bild 1.14 Der Pistolengriff sorgt für eine einfache Arrettierung in der gewünschten Position

Beim Kauf eines Stativs werden Sie feststellen, dass es verschiedene Arten von Stativen am Markt gibt:

- Zunächst unterscheidet man Video-Stative von Fotostativen. Bei Videostativen findet man einen langen Griff, der ein weiches Schwenken der Kamera ermöglicht. Beim Fotografieren ist das Schwenken natürlich nicht nötig. Reine Fotostative haben deshalb einen anderen Stativ-Kopf.
- Besonders praktisch sind für Fotostative sogenannte Pistolengriffe. Sie sind beim Betätigen des Griffes in alle Richtungen zu bewegen. Beim Loslassen des Griffes arretiert sich der Kopf und bleibt in genau dieser Position stehen. So finden Sie besonders schnell die gewünschte Position und damit auch den perfekten Bildausschnitt. Unter Fotografen sind auch sogenannte Getriebeköpfe sehr verbreitet. Hier gibt es für jede Bewegungsachse separate Einstellungsmöglichkeiten. Diese bieten sich besonders für Makroaufnahmen an.
- Für Reisen gibt es besonders kleine Reisestative. Diese können auch bei Flugreisen mitgenommen werden, weil sie sehr klein zusammengebaut werden können. Damit bietet jede Mauer oder Brüstung einen Stand für Ihre Kamera. Die Nachtaufnahme aus Ihrem Hotelzimmer wird damit auch besser gelingen.

Bei der Verwendung eines Stativs gibt es ein paar Dinge zu beachten, damit Sie die Vorteile, die diese Aufnahmetechnik bietet, nicht verschenken.

- Der Stabilisator in Ihrem Objektiv oder in Ihrer Kamera ist darauf ausgelegt, mit Hilfe der beweglichen Korrekturlinse ständig Ihre Bewegungen auszugleichen. Wenn die Kamera auf dem Stativ steht, kommt es bei vielen Objektiven und Kameras zu Fehlkorrekturen. Diese erkennen nicht, dass das Stativ verwendet wird und Ihr Bild wird unscharf. Deshalb ist unbedingt darauf zu achten, dass der Stabilisator bei der Verwendung eines Stativs ausgeschaltet wird. Eine Ausnahme bilden manche ganz neuen Geräte, die automatisch erkennen, wenn ein Stativ benutzt wird.
- Bei der Betätigung des Auslösers wird die Kamera auf jeden Fall – wenn auch nur leicht – bewegt. Diese Bewegung ist natürlich auf dem Bild als Verwackeln zu sehen. Das können Sie umgehen, indem Sie den Selbstauslöser verwenden. Durch die Zeitspanne, die zwischen Ihrer Betätigung des Auslösers und dem tatsächlichen Auslösevorgang liegt, hat die Kamera die notwendige Zeit, um sich wieder zu beruhigen und fest zu stehen.

Eine Alternative zum Selbstauslöser ist der Fernauslöser.

Fernauslöser

Es gibt unterschiedlichste technische Ausführungen von Kabelauslösern. Je nachdem, ob Sie einfach nur auslösen oder programmierte Aufnahmen erstellen wollen, haben Sie eine reiche Auswahl. Die wichtigsten Formen sind

- Einfache Kabelauslöser, die an die Kamera angeschlossen sind und mit einem Kabel von ca. 80 cm Länge ein erschütterungsfreies Auslösen der Kamera ermöglichen.
- Programmierbare Kabelauslöser mit Intervallschaltung. Sie lassen sich beispielsweise so einstellen, dass sie über einen Zeitraum von 3 Stunden jede Minute ein Bild machen.
- Infrarotauslöser ohne Programmiermöglichkeit sind die günstigste Alternative. Sie sind im Internet für ca. 10 € zu beziehen.
- Tablet-PCs oder Smartphones lassen sich ebenfalls unter Umständen als Fernauslöser einsetzen, wenn Ihre Kamera

über eine WiFi-Funktion verfügt und der Hersteller die dafür notwendige App anbietet. Sollte dies nicht der Fall sein, gibt es für ca. 35 € Kabellösungen, die Ihre Kamera mit Ihrem Tablet-PC oder Smartphone verbinden und auslösbar machen.

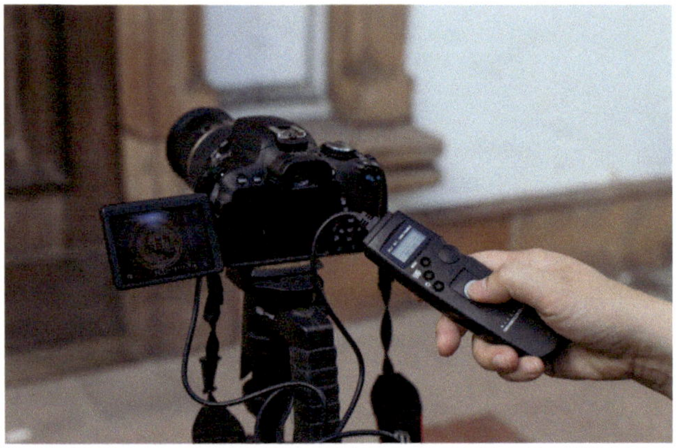

Bild 1.15 Programmierbarer Kabelauslöser

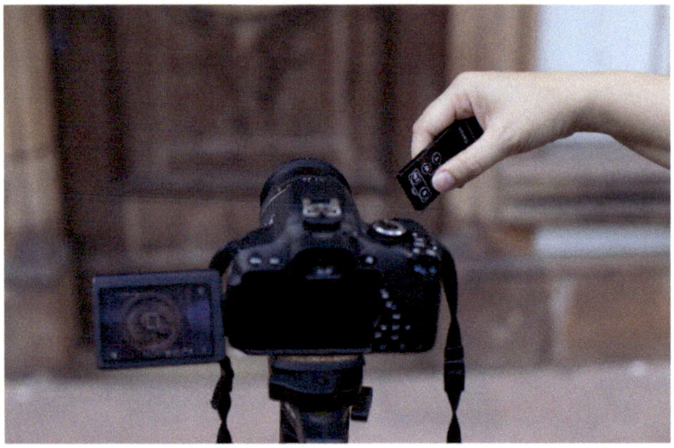

Bild 1.16 Einfacher Infrarotauslöser

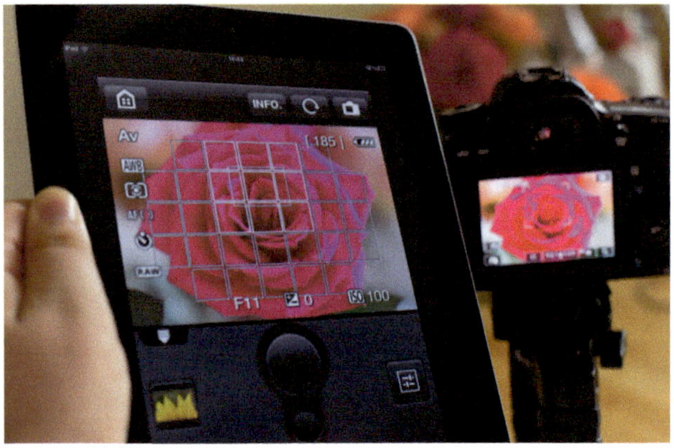

Bild 1.17 Fernauslösung über Tablet PC und WiFi

Sonnenblende

Die Sonnenblende oder auch Streuchlichtblende bzw. Gegenlichtblende schützt das Objektiv vor seitlich einfallenden Sonnenstrahlen. Die Reflektion dieses Lichts im Objektiv kann zu kontrastärmeren Fotos bzw. zur Bildung von Schleiern auf dem Bild führen.

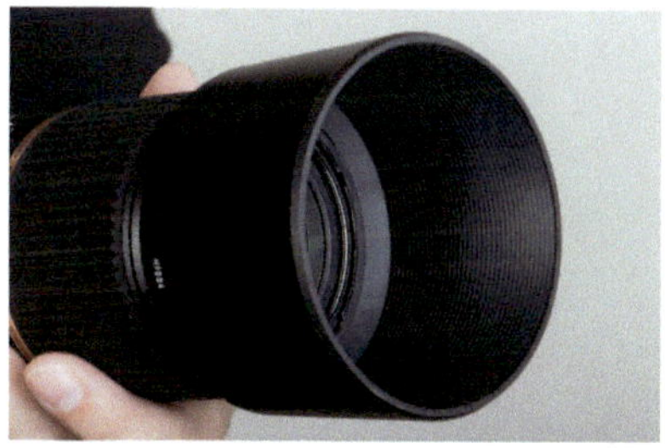

Bild 1.18 Objektiv mit Sonnenblende

Daneben bewahrt eine Sonnenblende das Objektiv auch vor Beschädigung. Sie erhalten diese im Handel für ca. 15 €. Die Länge der Sonnenblende ist abhängig von der Brennweite des Objektivs (zu Brennweite siehe auch Seite 40).

Blitzdiffusor

Bei der Verwendung des internen Blitzes entstehen sehr oft harte Schatten und störende Reflexionen. Ein Blitzdiffusor macht das Blitzlicht weich und diffus. Folglich entstehen weniger harte Schatten und die störenden Reflexionen werden ebenfalls reduziert und abgeschwächt.

Der Diffusor – auch Bouncer genannt, wird in den Blitzschuh für den Aufsatzblitz geschoben. Im Internet sind solche Bouncer für ca. 10 € erhältlich.

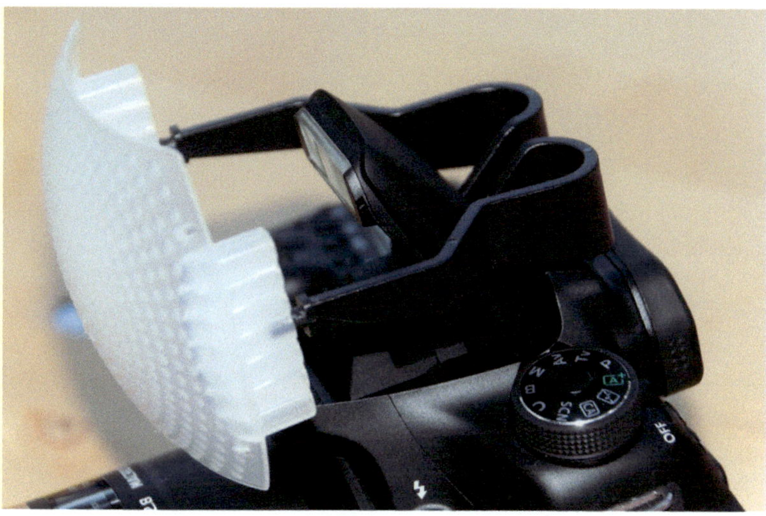

Bild 1.19 Kamera mit angebrachtem Diffusor

1.3 Kamerahandling

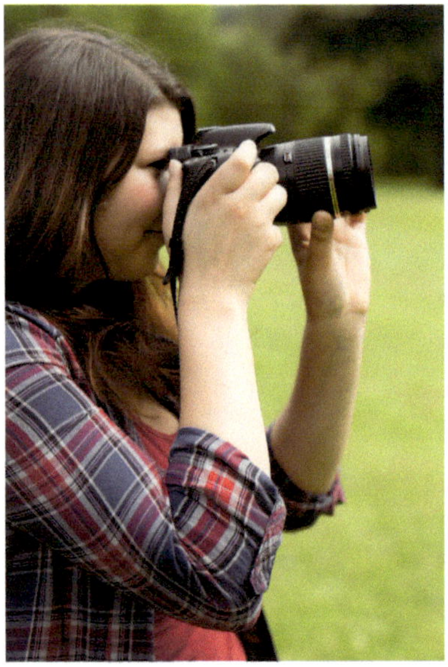
Bild 1.20 Kamerahaltung

Im folgenden Kapitel gibt es einige Tipps zur Handhabung der Kamera. Das sind kleine, aber oft wichtige Dinge, die Ihnen Ihre Ausstattung durch zuverlässiges Arbeiten und eine lange Lebensdauer danken wird.

Wie Sie die Kamera halten

Dem Bedienkonzept der Kamera liegt ein klares ergonomisches Konzept zugrunde, das den Fotografen in die Lage versetzt, in jeder Situation die wichtigsten Kameraeinstellungen vorzunehmen, ohne die Kamera dabei vom Auge wegzunehmen.

Das Gewicht der Kamera ruht dabei auf der linken Hand. Sie stützen das Gerät sinnvollerweise am Objektivansatz. Dadurch haben Sie jederzeit die Möglichkeit, die Zoomeinstellung zu verändern. Um scharfe Fotos zu erzielen, ist es unerlässlich, die Kamera während des Auslösevorgangs ruhig zu halten. Sie verleihen Ihrer linken Hand mehr Stabilität, indem Sie den Ellbogen an Ihrem Oberkörper abstützen.

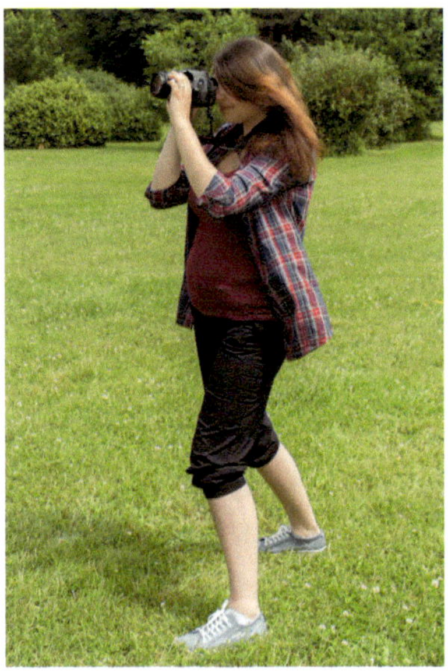
Bild 1.21 Standposition

Die rechte Hand greift die Kamera auf der rechten Seite, an der durch die Gehäusebauform angedeuteten Position. Das Gewicht der Kamera verbleibt jedoch auf der linken Hand. Das bietet Ihnen für die rechte Hand die Freiheit, die Tasten und Knöpfe bequem zu bedienen.

Ihre Standfestigkeit und Beweglichkeit sind abhängig von der Stellung Ihrer Füße und Beine. Sorgen sie dafür, dass die Füße nicht zu dicht nebeneinander stehen. Je weiter diese sowohl nach vorne und hinten als auch nach rechts und links voneinander entfernt sind, desto mehr Bewegungsfreiheit haben Sie im Oberkörper, ohne an Stabilität zu verlieren. Wenn Ihre Knie ganz leicht gebeugt sind, können Sie in weichen Bewegungen genau die richtige Perspektive finden. Sie sind dadurch im Oberkörper sehr beweglich und können beim Fotografieren auch auf Bewegungen Ihres Motivs sehr leicht reagieren.

Sucher oder Display

Oft haben Einsteiger in die Spiegelreflexklasse über Jahre hinweg Erfahrungen mit Kompakt- oder Bridgekameras gesammelt und sind daran gewöhnt, über das Display zu fotografieren. Diese Technik bezeichnet man bei Spiegelreflexkameras als „Live-View". Bei der Verwendung dieser Funktion gibt es ein paar Dinge zu beachten:

- Zunächst ist der Autofokus technisch bedingt in der Regel um ein Vielfaches langsamer als beim Fotografieren durch den Sucher. Damit sind „Schnappschüsse" von spontanen Situationen sehr schwierig.
- Der Energieverbrauch ist im Live-View Betrieb deutlich höher, die Akkulaufzeit verkürzt sich also erheblich.
- Durch den hohen technischen Aufwand erwärmt sich der Sensor und es entsteht als Folge der Erwärmung ein höheres Bildrauschen und dadurch ein Qualitätsverlust.
- Die Kamerahaltung im Live-View Modus sorgt dafür, dass das Gewicht der Kamera relativ weit aus der Körpermitte und vom Schwerpunkt des Körpers entfernt liegt und die Verwackelungsgefahr wesentlich größer ist als bei der Haltung, die beim Fotografieren durch den Sucher eingenommen wird.

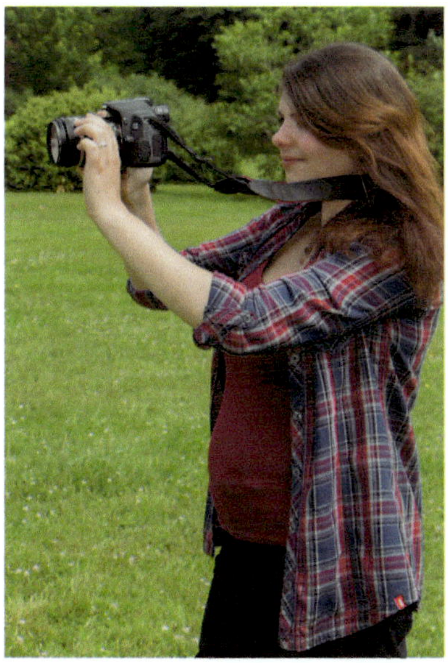

Bild 1.22
Kamerahaltung LiveView

Live-View

Beim Fotografieren von Gegenständen kann die Verwendung von Live-View die Arbeit jedoch sehr erleichtern. Sie sollten die Kamera aber dann nach Möglichkeit auf einem Stativ positionieren. Hier stört die geringere Autofokus-Geschwindigkeit nicht und wenn Sie die Kamera zwischendurch ausschalten, kann auch die Erwärmung und das daraus resultierende Bildrauschen in Grenzen gehalten werden. In dieser Situation kommen dann die Vorteile dieser Arbeitsweise zur Geltung:

- Sie haben über das Display einen besseren Eindruck von der tatsächlichen Belichtung als durch den Sucher und können das Bild bereits vor der Auslösung besser beurteilen.
- Bei einigen Kameras können Sie über einen Touchscreen sogar per Finger den Schärfepunkt direkt im Bild definieren.

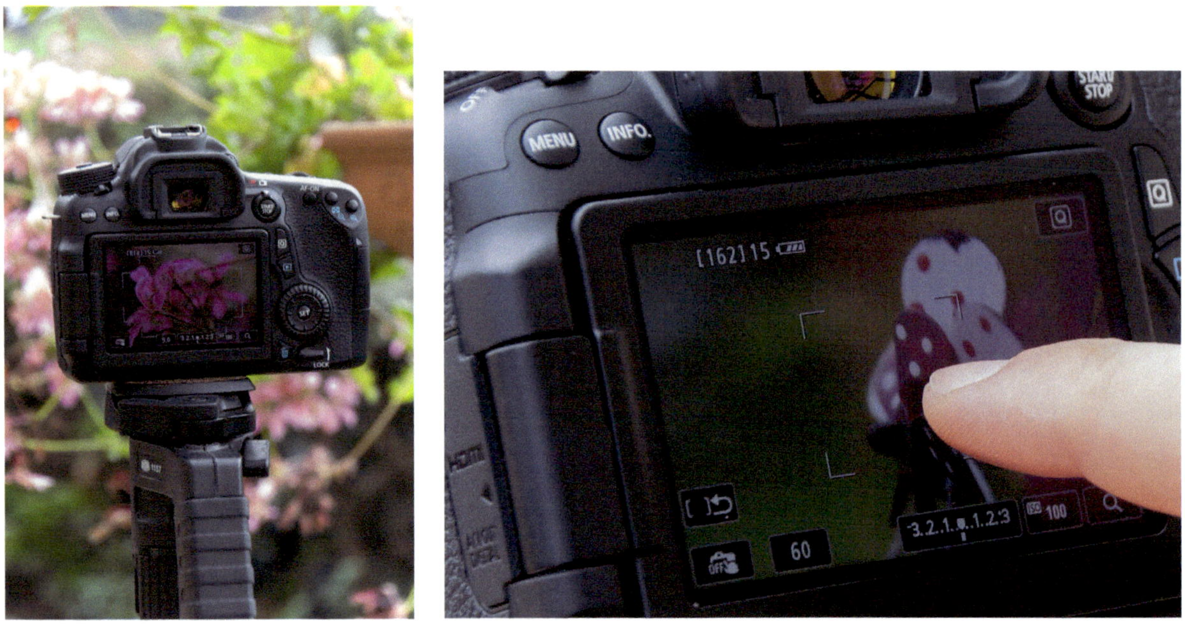

Bild 1.23 Kameras im Live-View Betrieb

Sollte Ihre Kamera über ein schwenkbares Display verfügen, so haben Sie im Live-View Betrieb beispielsweise bei Veranstaltungen die Möglichkeit, die Kamera hochzuhalten, um über die Köpfe anderer Menschen oder Hindernisse hinweg zu fotografieren. Bei ausgeklapptem Display genießen Sie den Vorteil, dass Sie nicht „blind" fotografieren müssen.

Die Leistungsfähigkeit des Autofokus lässt bei vielen digitalen Spiegelreflexkameras in puncto Geschwindigkeit und Sensibilität deutlich zu wünschen übrig. Sie müssen also damit rechnen, dass der Fokussiervorgang deutlich länger dauert als im Sucher oder trotz ausreichendem Licht und ausreichendem Kontrast auch außerhalb der Nahgrenze kein Ergebnis erzielt. In diesem Fall müssen Sie die Live-View Funktion ausschalten und durch den Sucher fotografieren.

Die Nahgrenze wird häufig auch als Nahdistanz bezeichnet. Zur Nahgrenze lesen Sie mehr auf Seite 47.

Ein- und ausschalten

Ihre Kamera schaltet sich standardmäßig nach einer gewissen Zeit automatisch aus, um Akkuleistung zu sparen. Wenn Sie die Kamera, nachdem sie sich automatisch abgeschaltet hat, wieder benutzen wollen, so reicht es aus, den Auslöser halb durchzudrücken. Die Kamera schaltet sich dann automatisch wieder ein. Eine doppelte Betätigung des Ein-Aus Schalters, also die Kamera zuerst manuell aus- und dann wieder einzuschalten, ist nicht notwendig.

1.4 Ausrüstung schützen und reinigen

Ihre Ausstattung wird Ihnen eine pflegliche Behandlung durch Zuverlässigkeit und Langlebigkeit danken. Mit ein paar einfachen Maßnahmen können Sie Ihre Geräte im Betrieb schützen.

Schutzvarianten für das Glas des Objektivs

- Ihr Objektiv wird standardmäßig mit einem Objektivdeckel ausgeliefert, der bei Nichtbenutzung der Kamera immer am Objektiv angebracht sein sollte.
- Durch Aufsetzen der Sonnenblende ist das Objektivglas nicht mehr nach vorne überstehend, sondern ringsum geschützt und als innenliegendes Teil weitaus weniger Gefahren ausgesetzt. Vor allem erreichen Sie durch diese Maßnahme in Menschenmengen einen effektiven Schlagschutz für Ihr Objektivglas. Ein weiterer Vorteil ist der Regenschutz. Sollten Sie die Kamera mit sich tragen und es regnet, so ist der beste Schutz natürlich die Tasche oder der Koffer. Sollten Sie diese jedoch nicht zur Hand haben oder trotz des schlechten Wetters beabsichtigen, zu fotografieren, so sorgt die Sonnenblende dafür, dass Sie nicht so schnell Tropfen auf dem Objektivglas haben.
- Mit einem Schutzglas, im Volksmund auch UV-Filter genannt, können Sie ihr Glas ebenfalls schützen. Dieses wird einfach auf das Objektiv aufgeschraubt und bietet eine zusätzliche Glasschicht. Sollten sich hier Kratzer bilden, so kostet der Austausch dieses Schutzglases weitaus weniger als der Austausch des kompletten Objektivs.

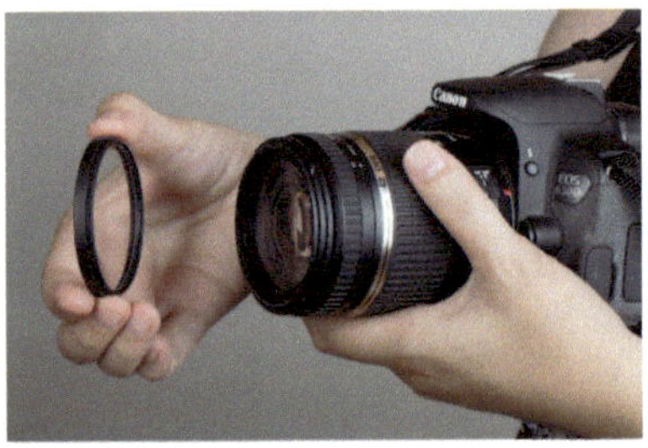

Bild 1.24 Anbringung eines UV-Filters

Kameragehäuse

Um Ihr Kameragehäuse zu schützen, besteht die Möglichkeit, eine Kameraschutzhülle zu benutzen. Diese ist normalerweise aus Silikon gefertigt und auf Ihren Kameratyp abgestimmt. Sie hat Öffnungen und Aussparungen an allen wichtigen Stellen, so können Sie natürlich den Akku oder die Speicherkarte wechseln, wenn Sie die Schutzhülle aufgezogen haben. Die wichtigsten Kamera-Einstellungen sind natürlich ebenfalls zugänglich.

Diese Option bietet sich vor allem dann an, wenn Sie im Regen unterwegs sind oder am Strand, wo immer Sand in der Luft ist, der sich gerne an und in Ihrer Kamera festsetzt.

Feuchtigkeit

Eine große Gefahr besteht für elektrische Geräte immer dann, wenn sie feucht werden. Feuchtigkeit entsteht außer bei Regen auch bei starken Temperaturunterschieden. Sollten Sie nach einem ausgedehnten Winterspaziergang mit vielen schönen Motiven zurückkommen, so liegt es nahe, die Bilder direkt auf den Computer zu übertragen. Bedenken Sie, dass die kalte Kamera sofort sämtliche Feuchtigkeit aus dem Raum anzieht und sich Kondenzflüssigkeit bildet. Achten Sie also darauf, dass die Kamera in der Tasche aus der Kälte in die warme Wohnung transportiert wird. Lassen Sie die Kamera in der verschlossenen Tasche, bis sie sich akklimatisiert hat. Öffnen Sie dann erst die Klappe und entnehmen die Speicherkarte.

Reinigen der Kamera

Wenn Ihre Kamera außen verschmutzt ist, so können Sie diese natürlich mit einem feuchten Tuch reinigen. Schalten Sie die Kamera bitte vorher auf jeden Fall aus. Sollte sich bei einem Objektivwechsel Dreck auf dem Sensor abgesetzt haben, so empfehle ich Ihnen dringend, diese Reparatur von einem Fachmann durchführen zu lassen.

Wenn Sie eine Verschmutzung auf Ihrem Objektiv feststellen, so versuchen Sie zunächst, diese durch Pusten zu entfernen. Reicht das nicht aus, so können Sie das Objektiv mit einem Brillenputztuch ohne allzu festen Druck vorsichtig reinigen.

1.5 Bildauflösung und Dateiformat

Im letzten Kapitel widmen wir uns den Fragen der Bildspeicherung: Reicht die Auflösung meiner Kamera? Kann ich damit auch eine Vergrößerung erstellen? Muss man im RAW-Format fotografieren, um gute Bilder zu bekommen?

In der Werbung spielt die Auflösung der Kameras oft eine sehr große Rolle. Doch ist die 12 Mio Pixel wirklich schlechter als die 18 Mio Pixel Kamera?

Auflösung

Jedes Bild ist in der digitalen Welt in Pixel aufgelöst. Es gibt also gleichgroße, unterschiedlich eingefärbte rechteckige Bereiche, denen eine Farbe zugeordnet ist. Wenn die einzelnen Rechtecke zu groß sind, werden diese als Rechtecke wahrgenommen und das Bild wirkt „verpixelt“. Je kleiner die einzelnen Pixel jedoch sind, desto schwieriger fällt es dem Auge, diese einzelnen Rechtecke wahrzunehmen und unser Auge sieht dann nur noch das Bild im klassischen Sinne und nicht mehr unterschiedlich eingefärbte Rechtecke.

Bild 1.25 Schlechte Auflösung, die Pixelstruktur ist zu sehen

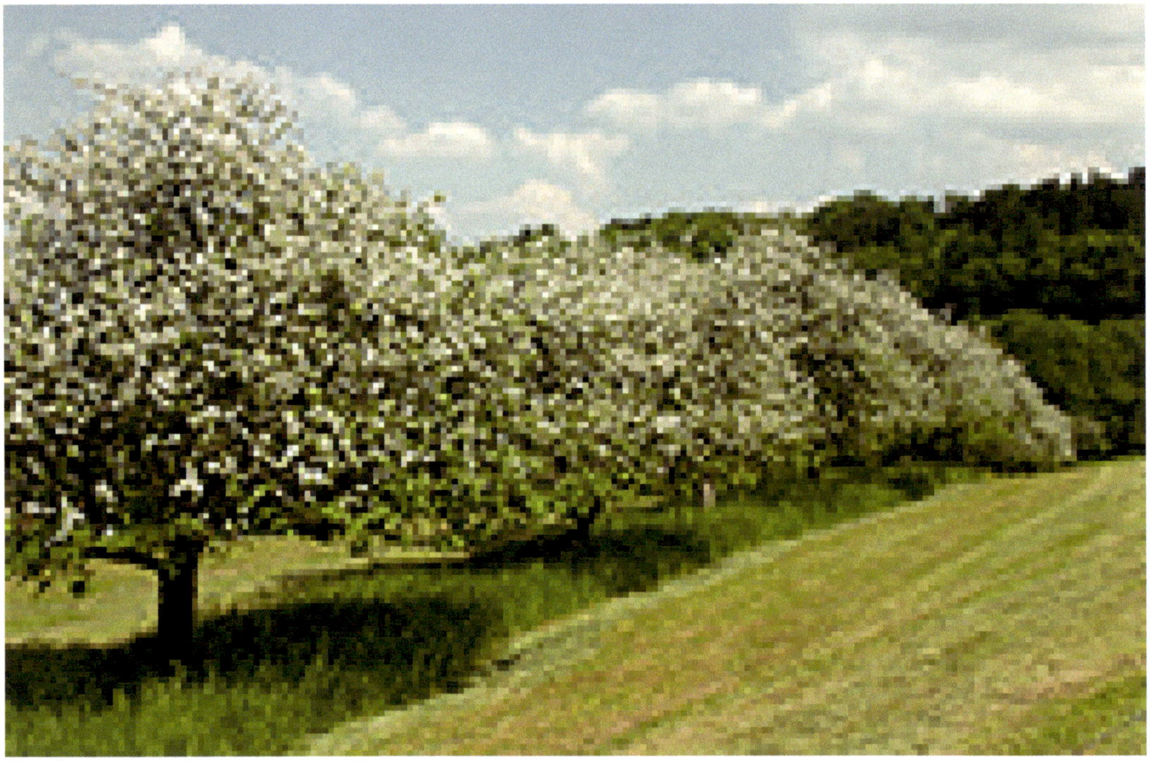

Wenn jedes einzelne Pixel kleiner dargestellt werden soll, so müssen mehr Pixel vorhanden sein, um die gleiche Größe damit auszufüllen. In der Praxis bedeutet das, dass die mögliche Größe für Abzüge scheinbar mit zunehmender Auflösung ansteigt.

Bild 1.26 Gleiches Bild mit mehr Pixel. Die Pixelstruktur ist nicht mehr erkennbar

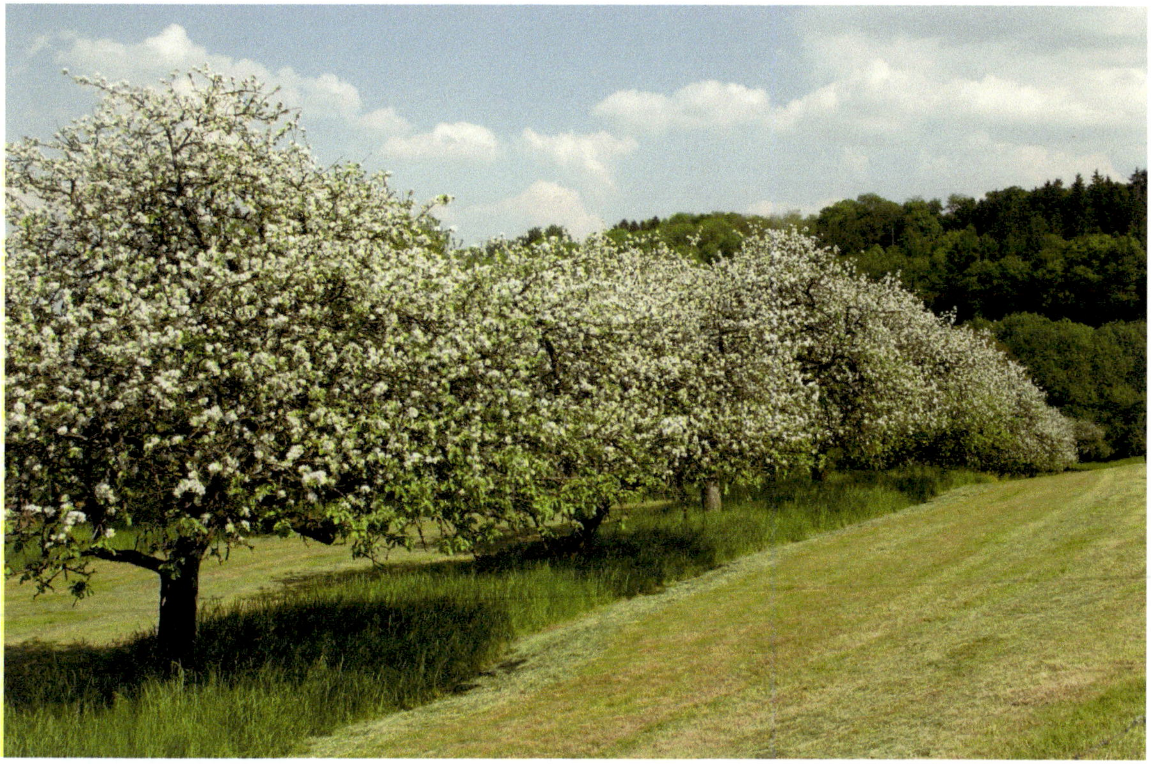

Lassen sie uns ein Beispiel betrachten: Große bekannte Illustrierte und Nachrichtenmagazine werden im sogenannten „80er Raster“ gedruckt. Das bedeutet, dass auf einen Zentimeter 80 Bildinformationen gedruckt werden können und folglich auch Bildpixel mit den jeweiligen Farbwerten benötigt werden. Wenn Sie also ein Foto in 10x15 cm im Hochformat in einem solchen Magazin veröffentlichen wollten, bräuchten Sie horizontal 80x10(=800) Pixel und vertikal 80x15 (=1.200) Pixel. In der Fläche ergibt sich eine Anzahl von 800x1.200 = 960.000 Pixel. Also mit einer Kamera unter 1 Mio Pixel könnten Sie die Qualität eines Hochglanzmagazins in 10x15 cm komplett ausschöpfen.

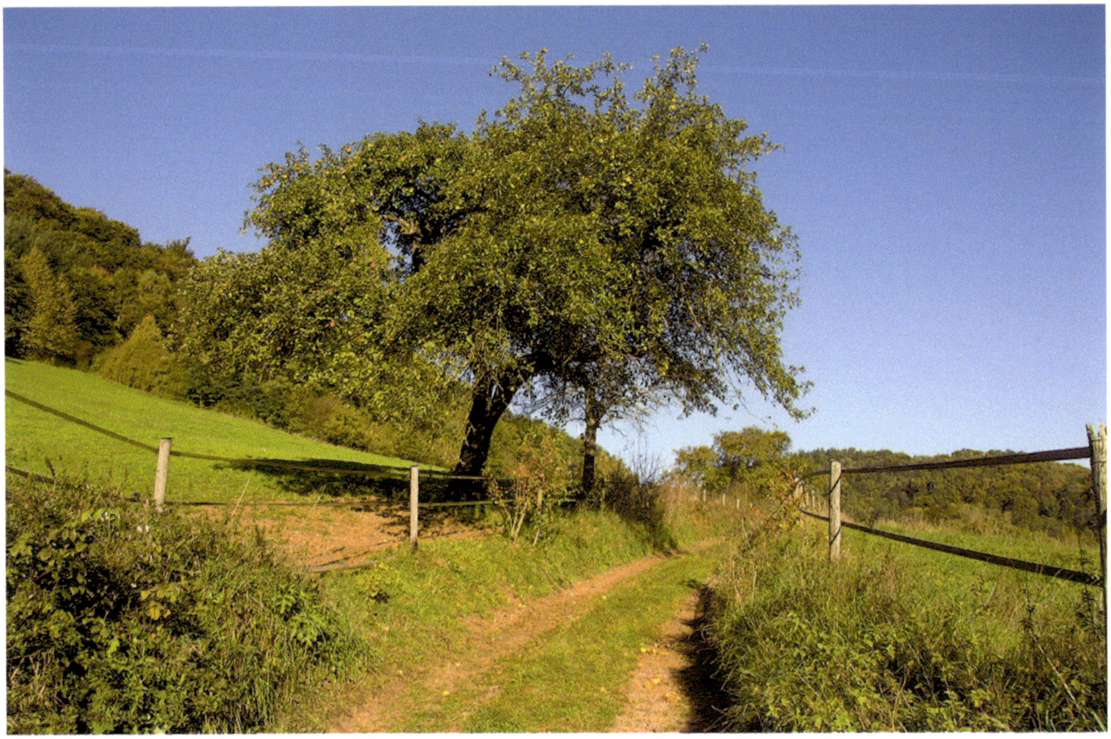

Bild 1.27 Bild mit ca. 1 Million Pixel im Maß 10x15 cm

Bild 1.28 Das gleiche Bild wie oben, jetzt mit 18 Millionen Pixel

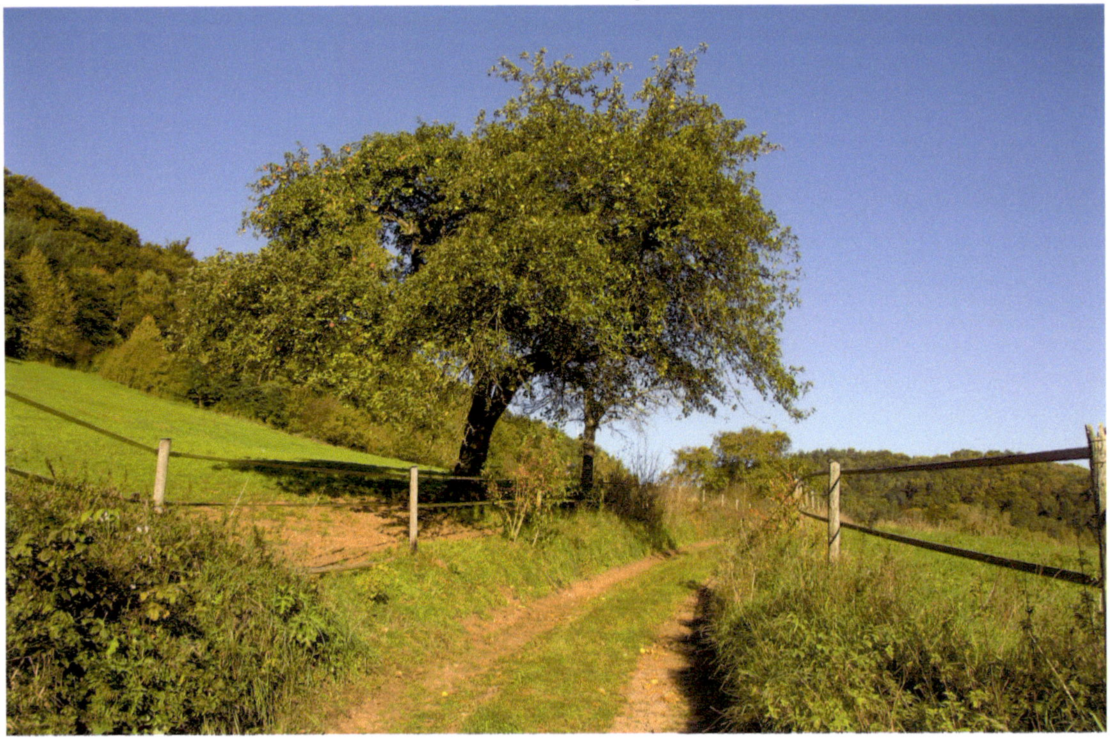

Ich möchte Ihnen mathematische Berechnungen soweit wie möglich ersparen. Es ist mir jedoch wichtig, Ihnen einfach verlässliche Werte an die Hand zu geben, um Sie davor zu bewahren, Ihre Kamera wegen „zu geringer Auflösung“ auszutauschen oder die Ursache für Fehlschüsse oder fehlende Schärfe in diesem Bereich zu suchen.

Ein Full-HD Fernseher hat eine Auflösung von 1.920 x 1.080 Pixeln. Das entspricht einer Pixelzahl von 2,07 Millionen. Damit können Fernseher mit einer Bilddiagonale von über 1,65 Meter in hervorragender Qualität gespeist werden. Sogar das im Moment neu am Markt erhältliche 4k oder Ultra HD-Format weist „nur“ eine Auflösung von 3.840 x 2.160 (ca. 8,3 Mio Pixel) auf.

Bei einigen Kameras ist es auch möglich, die Auflösung zu beeinflussen. Hier legen Sie fest, mit wie vielen Megapixel Ihre Fotos erstellt werden sollen.

Nicht die Menge sondern die Qualität der einzelnen Pixel zählt. Die tatsächliche Qualität eines Bildes lässt sich nicht so ohne Weiteres in Zahlen darstellen und so wird die Auflösung nach wie vor, wenn auch in den letzten Jahren in abnehmenden Maße – immer noch sehr oft zur Einstufung der Qualität von Kameras herangezogen, besonders in der Werbung.

Tipp!

Schalten Sie hier die bestmögliche Qualität ein. Sie können die Bilder am Computer hinterher immer noch kleiner und schlechter machen, aber nicht besser!

RAW oder JPG

Generell gibt es bei Spielgelreflexkameras immer zwei Dateiformate, die zur Auswahl stehen, um die Daten auf der Speicherkarte abzulegen.

Grafikformat JPEG mit der Dateinamenserweiterung .jpg

JPG-Format

Eines der gängigsten Dateiformate für Bilder ist das .JPG-Format und hierfür gibt es durchaus gute Gründe:

- Die Besonderheit des .JPG-Formates besteht darin, dass die Datenmenge durch die Zusammenfassung von benachbarten und gleichartigen Farbwerten erheblich reduziert werden kann. Das hat zur Folge, dass Bilder relativ wenig Speicherplatz benötigen.

- Ein weiterer Vorteil der .JPG-Dateien ist ihre universelle Verwendbarkeit. Jedes .JPG-Bild kann auf dem Computer weiter verarbeitet werden. Sie können die Datei in allen gängigen Programmen öffnen oder einfügen, wie z. B. in Microsoft Word oder PowerPoint. Auch das Versenden von Bildern per Mail oder der Upload zu Facebook ist einfach und unkompliziert. Selbstverständlich ist auch jeder Internet-Browser in der Lage, diesen Dateityp anzuzeigen.
- .JPG-Bilder können heute sogar von modernen Fernsehern, Tablets, Handys oder DVD- und BluRay-Playern wiedergegeben werden.

All diese Fakten tragen dazu bei, dass das Format weltweit zu den am häufigsten verwendeten Bilddatenformaten gehört. Allerdings hat die enorme Einsparung hinsichtlich der Datenmenge natürlich auch Nachteile in Form von Qualitätsverlusten.

RAW-Format

Die Alternative zum JPG-Format ist das sogenannte RAW-Format. Hierbei handelt es sich um ein kameraspezifisches Dateiformat. Dabei werden die Daten, die vom Sensor erfasst werden, ohne jegliche Weiterverarbeitung auf die Speicherkarte geschrieben.

Der große Vorteil dieses Verfahrens ist zunächst, dass die maximale Qualität erhalten bleibt. Zusätzlich werden in einem RAW-Bild mehr Zwischenwerte abgespeichert, was bei der späteren Bearbeitung am Computer mehr Reserven bietet und feinere Korrekturen ermöglicht.

Der Nachteil besteht darin, dass Bilder im RAW-Format nicht einfach am Computer oder Fernseher angezeigt werden können. Sie müssen zunächst in einem geeigneten Bildbearbeitungsprogramm umgewandelt werden. Das bedeutet, es erfordert einen kompletten zusätzlichen Arbeitsschritt für jedes aufgenommene Bild. Außerdem muss eine Software vorhanden sein, die die RAW-Daten Ihrer Kamera öffnen und bearbeiten kann:

So speichert Canon seine Rohdaten z. B. mit der Endung .crw bzw. .cr2 ab und Nikon verwendet das Dateiformat .nef. In der Regel können Sie mit Bildbearbeitungsprogrammen wie z. B. Lightroom oder Photoshop Elements, die Rohdaten öffnen, bearbeiten und in ein anderes Format umwandeln. Dies ist aber auch von der Kamera und dem verwendeten Format abhängig.

Fazit RAW oder JPG

Für den professionellen Bereich im Studio ist das RAW-Format natürlich passend. Für den Einsteiger hingegen ist das JPG-Format durchaus zu empfehlen, weil der Aufwand nicht so groß ist und die Bilder auch problemlos auf unterschiedlichen Geräten, wie PC oder Laptops, zu verwenden sind. In vielen Bereichen sind die Unterschiede nicht dramatisch groß. So arbeitet beispielsweise die Bildagentur Fotolia, die zu den größten und erfolgreichsten Anbietern für Bilder weltweit gehört, im Bildbereich ausschließlich mit JPG-Dateien.

Einstellung von JPG oder RAW an der Kamera

Bevor Sie mit dem Fotografieren loslegen, sollte Sie im Menü Ihrer Kamera kontrollieren, welche Qualität für Ihre Fotos eingestellt ist. Sie können RAW und JPEGs gleichzeitig erstellen oder sich für eines der Formate entscheiden.

Wenn Sie sich für die Speicherung Ihrer Bilder im JPG-Format entscheiden, so sollten Sie ebenfalls die Kompressionsrate für die Speicherung festlegen. Sollten Sie unter allen Umständen eine kleine Datei erhalten wollen (mehr Fotos auf eine Speicherkarte), so stellen Sie eine starke Komprimierung ein. Die Bildqualität lässt dadurch aber deutlich nach. Möchten Sie ein möglichst gutes Ergebnis erzielen, sollten Sie eine geringe Kompression wählen.

Die Kompression wird im Kameramenü oft durch Symbole wie eine Rundung, die entweder mit Treppenbildung (schlechte Qualität) oder ganz rund (gute Qualität) abgebildet sind, dargestellt. Bei anderen Modellen finden Sie Begriffe wie *Standard*, *Fein* und *Sehr fein*.

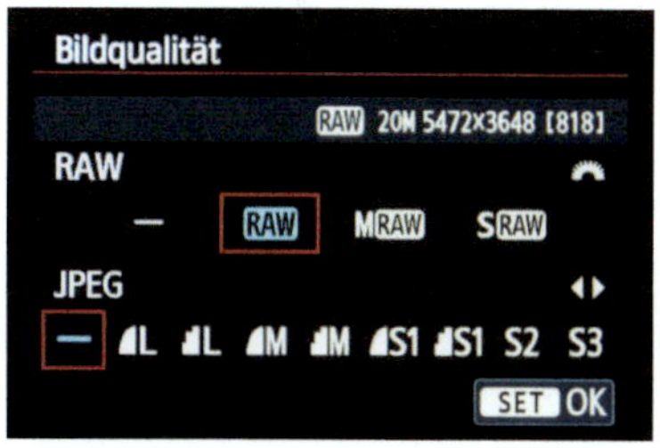

Tipp!

Wählen sie immer die beste Qualität aus. Sonst wird Ihr Bild – mit Qualitätsverlust – kleingerechnet. Wenn sie wenig Speicherplatz zur Verfügung haben, reduzieren Sie lieber die Auflösung. Hier gibt es bei modernen Spiegelreflexkameras deutlich mehr Reserven. Auflösungen von 18 Mio Pixeln werden nur in den seltensten Fällen wirklich benötigt.

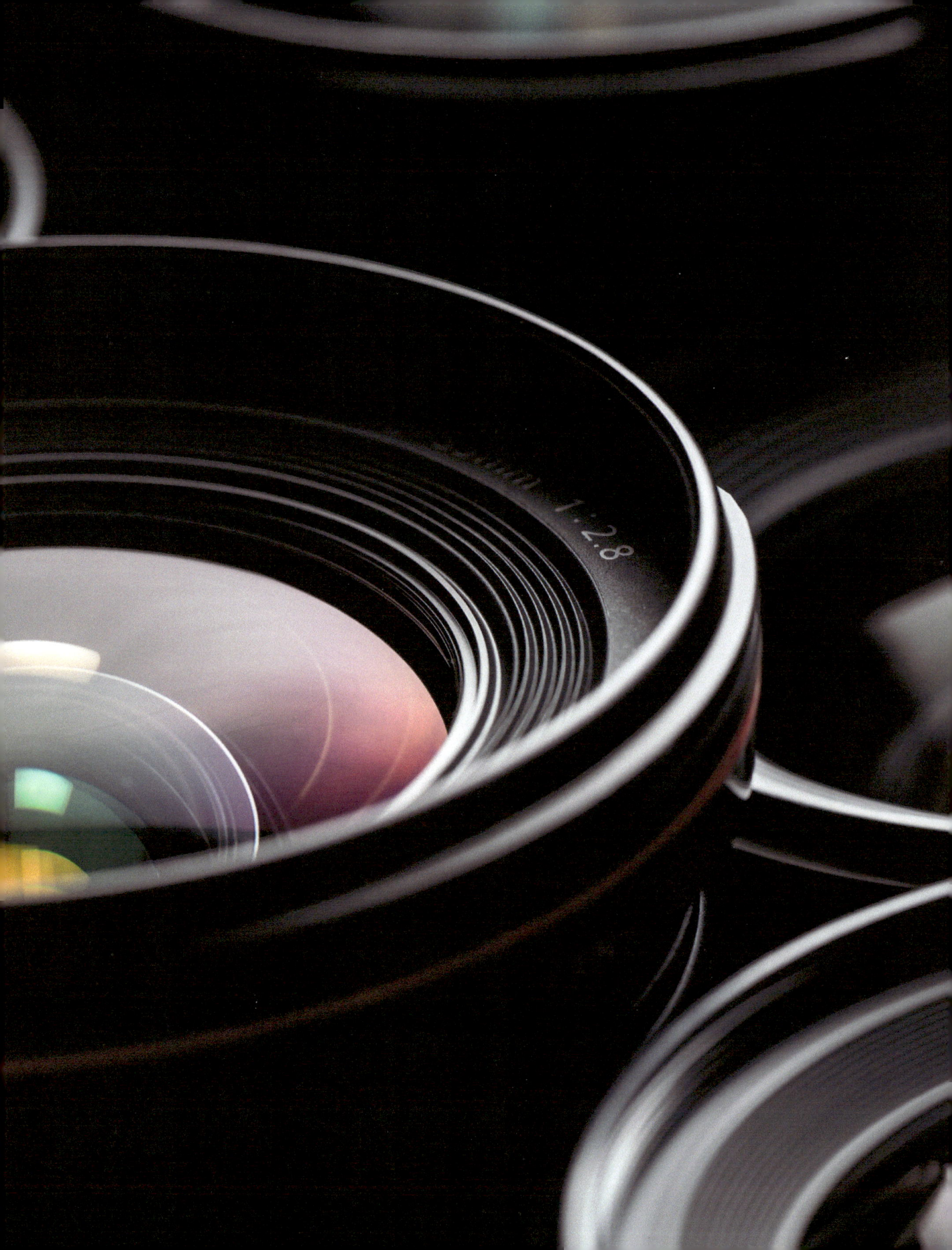
1:2.8

2 Objektive

Entscheidend für das Aussehen, die Wirkungsweise und nicht zuletzt die Qualität eines Bildes ist das verwendete Objektiv. Es gibt verschiedene Arten von Objektiven, die allesamt ihre Daseinsberechtigung haben und in unterschiedlichen Einsatzbereichen gute Dienste leisten. Wenn Profifotografen mit mehreren Objektiven unterwegs sind, so liegt die Begründung hierfür genau in diesem Sachverhalt.

Nachfolgend werde ich Ihnen einen kurzen Überblick über die wichtigsten Objektivarten, ihre Vorteile und ihre Einsatzgebiete geben. Zunächst möchte ich aber noch ein paar allgemeine Zusammenhänge und Begriffe erklären.

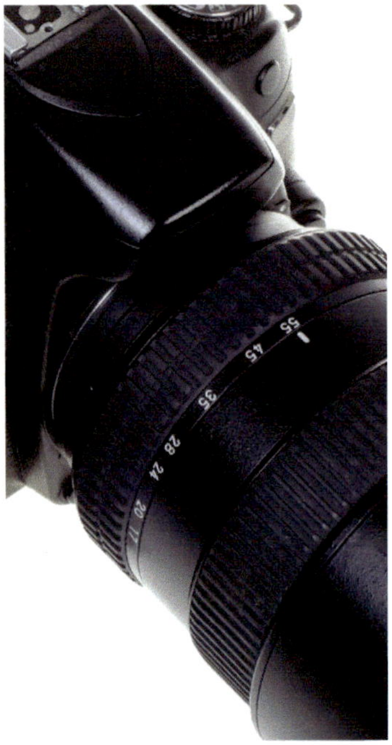

Bild 2.1 Zoomobjektiv

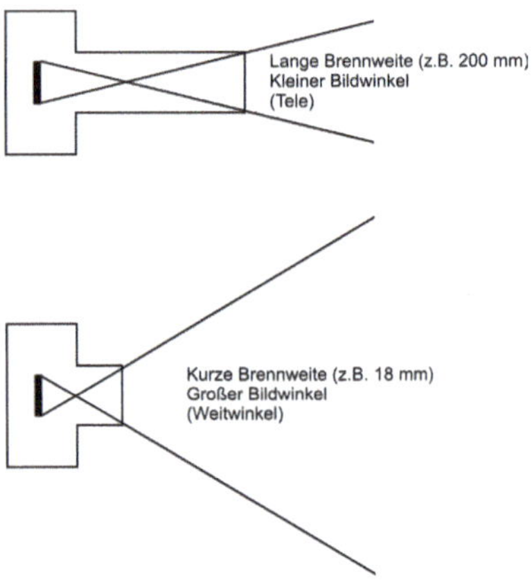

2.1 Brennweite

Die am häufigsten benutzte Kenngröße eines Objektivs ist die Brennweite. Die Brennweite wird in den technischen Daten eines Objektivs in Millimetern angegeben. (z. B. 18-55 mm oder 300 mm). Man findet diese Angaben auch auf der Vorderseite des Objektivs. Zu unterscheiden sind Objektive mit einer Festbrennweite, z. B. 50 mm und Zoomobjektive mit der Möglichkeit die Brennweite innerhalb eines Bereichs auszuwählen (18-55 mm). Durch Drehen am Anfasser des Zoom-Objektivs verändern Sie die Brennweite. Welche Brennweite gerade eingestellt ist, sehen Sie oben am Objektiv.

- Eine „normale" Brennweite, bei der man weder eine Weitwinkel- noch eine Teleeinstellung verwendet, ist 50 mm. Bei einer Brennweite von 50 mm entspricht der Blickwinkel (=Bildausschnitt) ungefähr dem menschlichen Blickwinkel. Bilder mit dieser Brennweite wirken deshalb für den Betrachter sehr natürlich.
- Alles was darunter liegt bis ca. 18 mm bezeichnet man als Weitwinkel.
- Brennweiten über 50 mm bezeichnet man als Teleobjektive (z. B. 200 mm).

Je länger die Brennweite ist, desto kleiner ist der Bildwinkel und desto größer bzw. näher wirkt der gleiche Gegenstand auf dem Bild. Wenn Sie ein Zoom-Objektiv verwenden, entsteht beim „Heranzoomen" der optische Eindruck, das Motiv käme auf Sie zu. Ich wünsche Ihnen jedoch, wenn Sie z. B. den Kölner Dom fotografieren, dass dieser genau dort stehen bleibt, wo er ist.

Durch eine längere Brennweite wird der Bildwinkel und der Bildausschnitt so verändert, dass weniger zu sehen ist. Das Format des Bildes bleibt jedoch gleich. Also wird der kleinere Bildausschnitt größer dargestellt, um die gesamte Bildfläche zu füllen. Unsere Wahrnehmung setzt oft Größe mit Nähe gleich und folglich entsteht der Eindruck, beim „Heranzoomen" könnte man Gegenstände näher heranholen.

- Je größer die Brennweite, desto näher kann man Objekte „heranholen".
- Je kleiner die Brennweite, desto mehr ist auf dem Bild zu sehen.

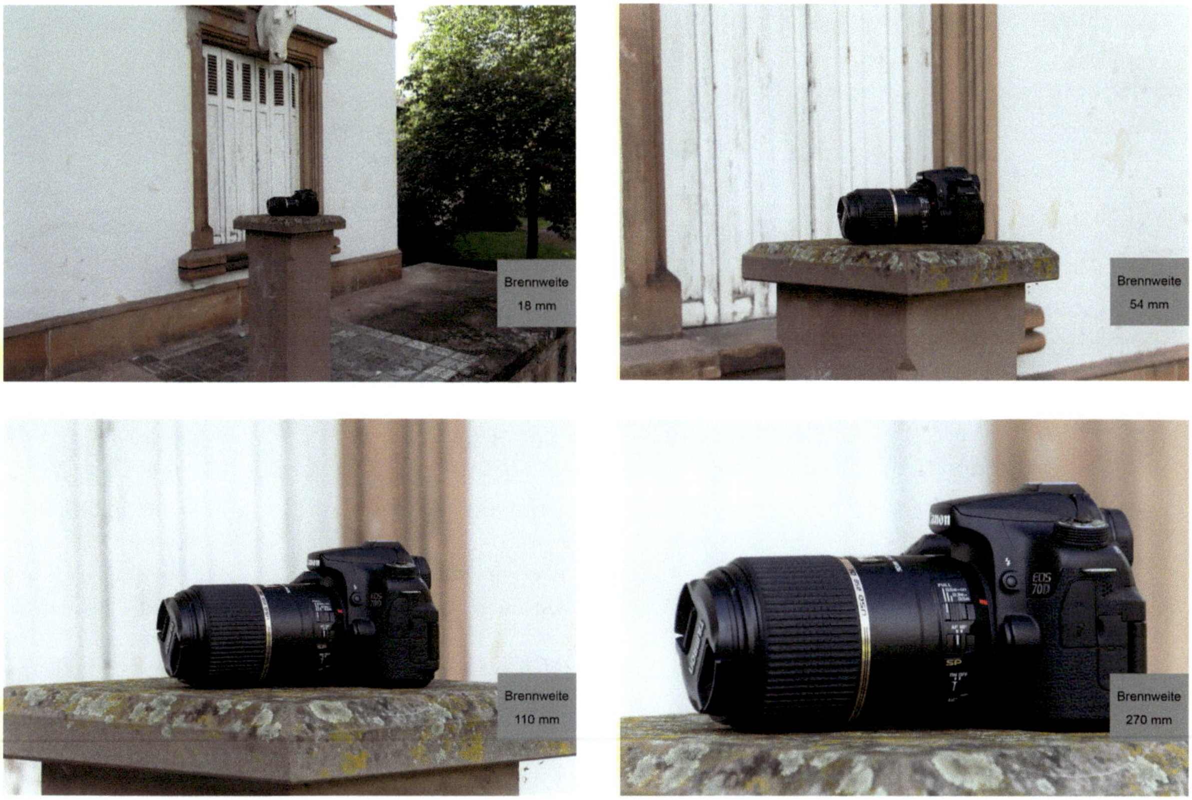

Bild 2.2 Bilderserie mit zunehmender Brennweite

Besonderheit APS-C Kamera

Für alle Besitzer einer digitalen Spiegelreflexkamera im APS-C Format kommt jetzt der sogenannte Crop-Faktor ins Spiel. Wie bereits erwähnt ist der Sensor einer APS-C Kamera kleiner als der einer Vollformatkamera oder einer analogen Kleinbildkamera. Die Brennweiten und die daraus resultierenden Bildausschnitte sind vom Hersteller immer angegeben unter der Annahme, dass das Objektiv an einer Vollformatkamera benutzt wird. Auf dem kleineren Sensor wird jedoch nur ein Teil des vom Objektiv „gelieferten" Bildes erfasst und dieser Teil wird bildfüllend dargestellt. Dadurch entsteht der optische Eindruck einer Vergrößerung. Aufgrund der Maße der unterschiedlichen Sensoren ergibt sich bei vielen Kameras ein sogenannter Crop-Faktor von beispielsweise 1,5 oder 1,6. Das heißt bei einem 50mm Objektiv, dass dessen Bildausschnitt an einer APS-C Kamera mit

Crop-Faktor 1,6 dem Bildausschnitt eines 80mm Objektivs an einer Vollformatkamera entspricht. (50x1,6=80)

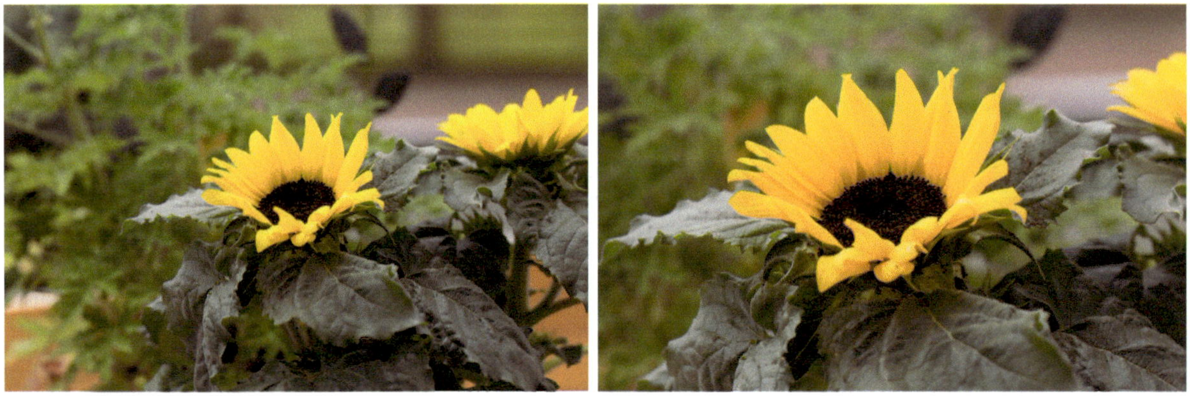

Bild 2.3 Die Aufnahme links wurde mit einer Vollformatkamera erstellt. Rechts sehen Sie die gleiche Aufnahme mit derselben Brennweite auf APS-C Format. Es entsteht der Eindruck, als hätte man näher herangezoomt. So wirkt sich der Crop-Faktor im Bild aus.

Wer also eine Kamera mit APS-C Sensor benutzt, muss bei der Anschaffung eines Objektivs im Hinterkopf behalten, dass die Brennweite bezüglich des Bildausschnitts mit 1,6 zu multiplizieren ist. Ein 300 mm Teleobjektiv an einer APS-C Kamera bietet also den gleichen Bildausschnitt wie ein 480 mm Objektiv an einer Vollformatkamera. (300x1,6=480)

Sowohl die Kamerahersteller als auch Drittanbieter halten für den Anwender ein breites Spektrum an Brennweiten bereit. Jeder kann also nach seinen Wünschen wählen und die für ihn passenden Geräte kaufen. Vielen Einsteigern fällt es schwer, hier den Überblick zu behalten. In den folgenden Abschnitten werde ich Ihnen einige Objektivarten etwas genauer vorstellen.

2.2 Kit-Objektive

kit engl. = Ausstattung

Meistens sind die sogenannten Kit-Objektive, wie der Name schon sagt, im Lieferumfang der Kamera enthalten. Oft handelt es sich bei Kit-Objektiven um Zoomobjektive mit einer Brennweite von 18-55 mm. Diese bieten dem Anwender zwar nicht die Möglichkeit, weit entfernte Gegenstände groß zu fotografieren, sind aber in vielen Alltagssituationen unproblematisch im Handling und ermöglichen es, mit etwas Übung, gute Ergebnisse zu erzielen. Kit-Objektive gehören zu den Leichtgewichten und sind damit zum Beispiel beim Wandern durchaus eine sinnvolle Lösung. Bei Landschaftsaufnahmen werden häufig kleine Brennweiten (Weitwinkel) verwendet und hier bieten die Kit-Objektive durchaus ansprechende Ergebnisse. Nicht zu vergessen ist der relativ moderate Preis der Kit-Objektive.

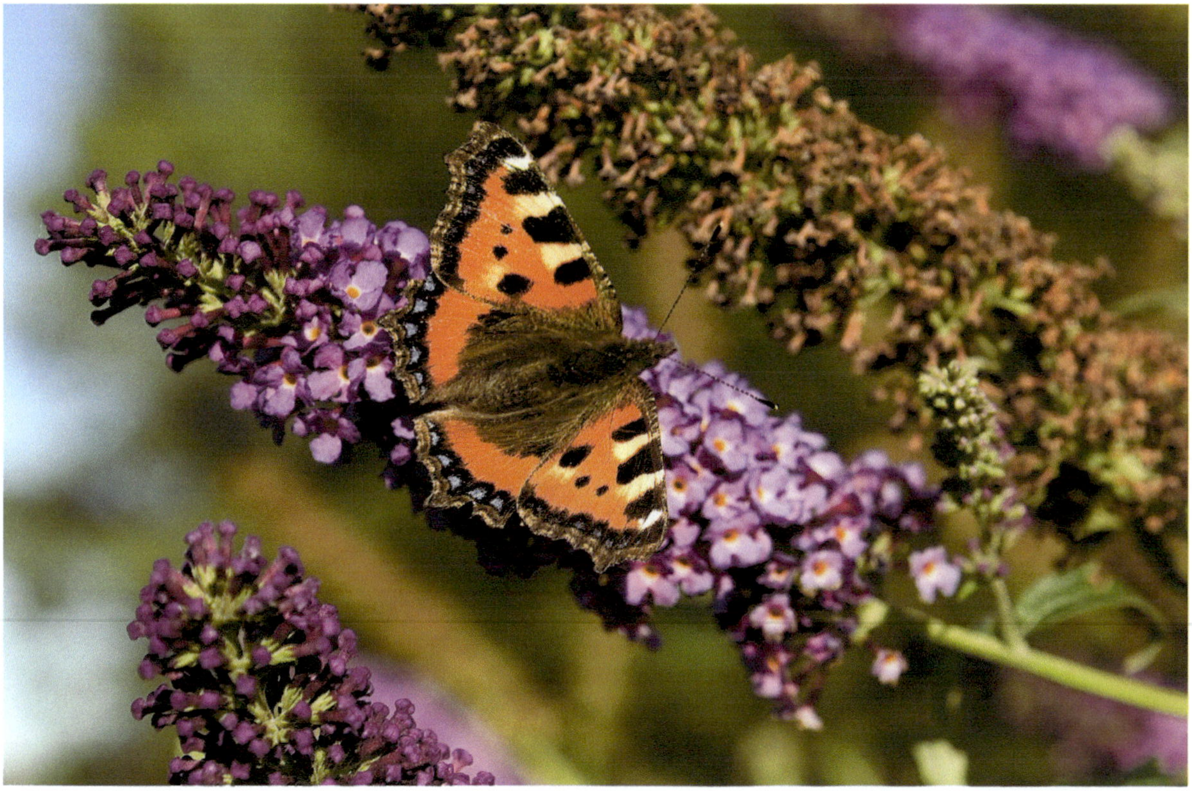

Bild 2.4 Hier eine Aufnahme mit einem Canon 18-55 mm Kit-Objektiv. Die relativ kurze Brennweite von 55 mm gleicht es durch eine kurze Nahgrenze aus.

2.3 Universalobjektive mit Mega-Zoom

18-270 mm – kann das was sein? In einschlägigen Internetforen werden diese Universalobjektive häufig nicht empfohlen. Hier hat der technische Fortschritt jedoch in den letzten Jahren dafür gesorgt, dass man die unglaubliche Flexibilität dieser Objektive mit einer sehr guten Bildqualität nutzen kann. Einer der großen Vorteile dieser Objektive liegt darin, dass Sie z. B. auf einer Reise kein zweites Objektiv mitnehmen müssen. Sie können sowohl Landschaften fotografieren als auch Details festhalten, ohne ständiges Wechseln des Objektivs.

Viele Geräte aus dieser Produktreihe bieten zusätzlich einen relativ großen Abbildungsmaßstab, was dem Fotografen die Möglichkeit gibt, beispielsweise eine im Watt ausgegrabene Krabbe oder eine am Wegesrand stehende Blüte annähernd formatfüllend in Großaufnahme abzulichten. Gängige Brennweiten in dieser Rubrik sind 18-250 oder 18-270 mm. Es handelt sich hier um echte Allrounder mit durchaus ansprechender Bildqualität.

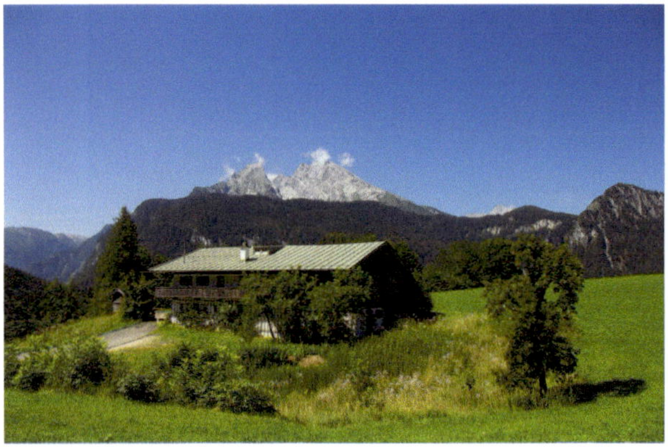

Bild 2.5 Dieses Bild entstand mit einer Brennweite von 18 mm

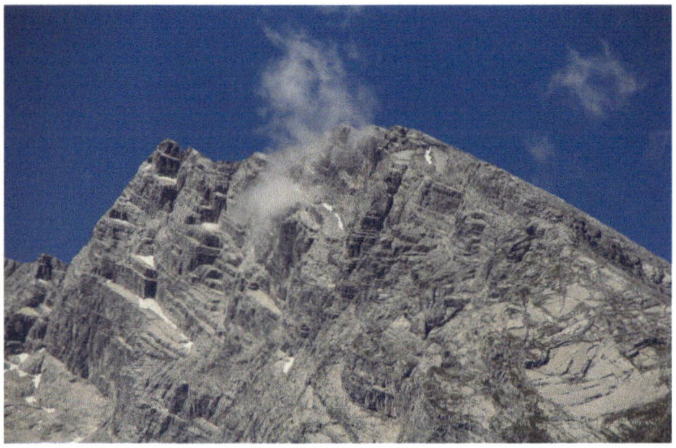

Bild 2.6 Hier das gleiche Motiv mit einer Brennweite von 168 mm

Ein ganz besonderer Vorteil dieser Mega-Zooms besteht darin, dass Sie Ihren Bildausschnitt aus unterschiedlichen Entfernungen immer gleich hinbekommen. Sie können also auch näher heran gehen und eine weitwinkelige Einstellung wählen und haben trotzdem Ihr Objekt groß auf dem Bild. So nutzen Sie die technische Eigenschaft der meisten Objektive, dass sie bei Weitwinkeleinstellung lichtstärker sind als in Teleeinstellung. Wenn es sich bei Ihrem Motiv nicht um einen freilaufenden Löwen handelt, so ist es durchaus ratsam, nicht bis zum Anschlag zu zoomen, sondern etwas näher heranzugehen.

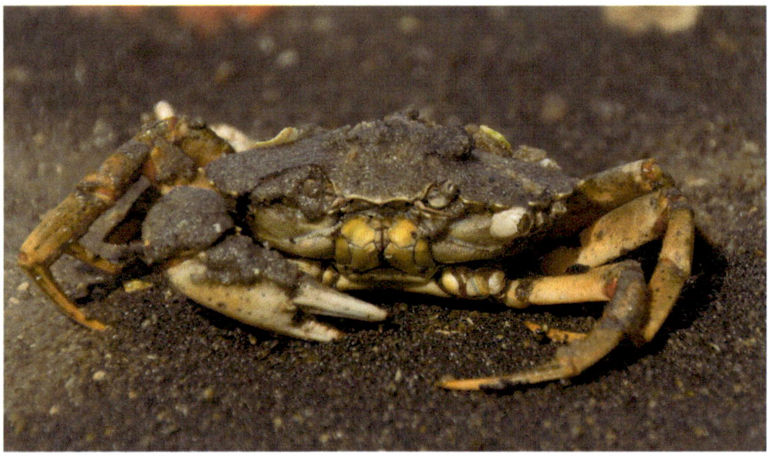

Bild 2.7 Hier ein Urlaubsfoto mit 200 mm Brennweite

2.4 Teleobjektive

Der Begriff Teleobjektiv hat sich in den letzten Jahren etwas gewandelt. In Zeiten der analogen Fotografie sprach man bereits bei 80 mm von einem leichten Teleobjektiv. Heute hat sich hier die Grenze im Sprachgebrauch etwas nach oben verschoben. Mit Teleobjektiv werden Objektive mit einer Brennweite von 200 mm und mehr bezeichnet.

Der Vorteil der reinen Teleobjektive liegt darin, dass sie bauartbedingt oft eine bessere Lichtausbeute bieten. Bei der Verwendung von sehr langen Brennweiten ist jedoch zu beachten, dass die Gefahr, unscharfe Bilder zu produzieren, sehr stark ansteigt. Technisch bedingt fällt die Schärfentiefe bei langen Brennweiten relativ gering aus. Das bedeutet, dass der Autofokus exakt positioniert sein muss, um zu gewährleisten, dass die bildbestimmenden Objekte auch wirklich scharf abgebildet sind.

Ein weiterer Grund für die Schärfeprobleme liegt darin begründet, dass durch die vergrößerte Abbildung mehr Details sichtbar sind und jede Verwackelung dadurch auch klarer zu sehen ist. Wer also mit langen Brennweiten arbeiten will, sollte sich auf jeden Fall ein Stativ zulegen, damit die Kamera fest steht.

Oft ist es ratsamer, mit einer nicht so langen Brennweite zu arbeiten und dafür näher an das Objekt heran zu gehen. Ein Objektiv mit moderater Brennweite (bis ca. 200 mm) ist vielleicht nicht so spektakulär, die Trefferquote ist aber in der Regel wesentlich höher.

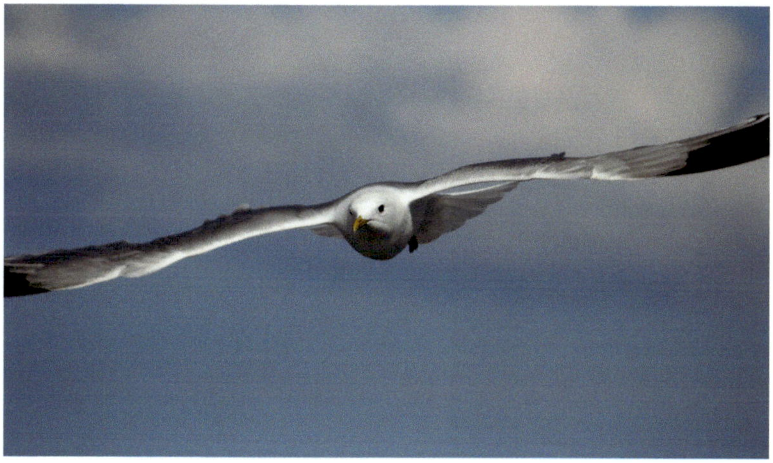

Bild 2.8 Möwe im Flug mit 200 mm Brennweite

2.5 Warum kein Zoom? - Festbrennweiten

Das Fotografieren ohne Blitz bezeichnet man als Available Light Fotografie. Hier entstehen oft Bilder mit einem sehr natürlichen Look.

Der große Vorteil der Festbrennweiten liegt vorwiegend in der guten Lichtausbeute. Solche Objektive werden beispielsweise in der Konzertfotografie eingesetzt. Hier ist sehr oft wenig Licht vorhanden und der Einsatz eines Blitzes scheidet aus unterschiedlichen Gründen aus. Neben der Lichtstärke bieten Festbrennweiten oft eine sehr gute Bildqualität. Nachteil ist natürlich, dass man nichts heranzoomen kann. Gängige Festbrennweiten sind 50 mm mit einer „Lichtstärke" von 1,8 oder 100 mm mit 2,8. Ein solches Objektiv ist beispielsweise die perfekte Ergänzung zu einem 18-270 mm. Diese Kombination bietet eine große Flexibilität hinsichtlich der Brennweite. Ein Objektivwechsel ist dann nur notwendig, wenn Sie mit wenig Licht und ohne Blitz arbeiten wollen oder müssen. Dann kommt Ihre Festbrennweite zum Einsatz und nutzt das vorhandene Licht perfekt aus.

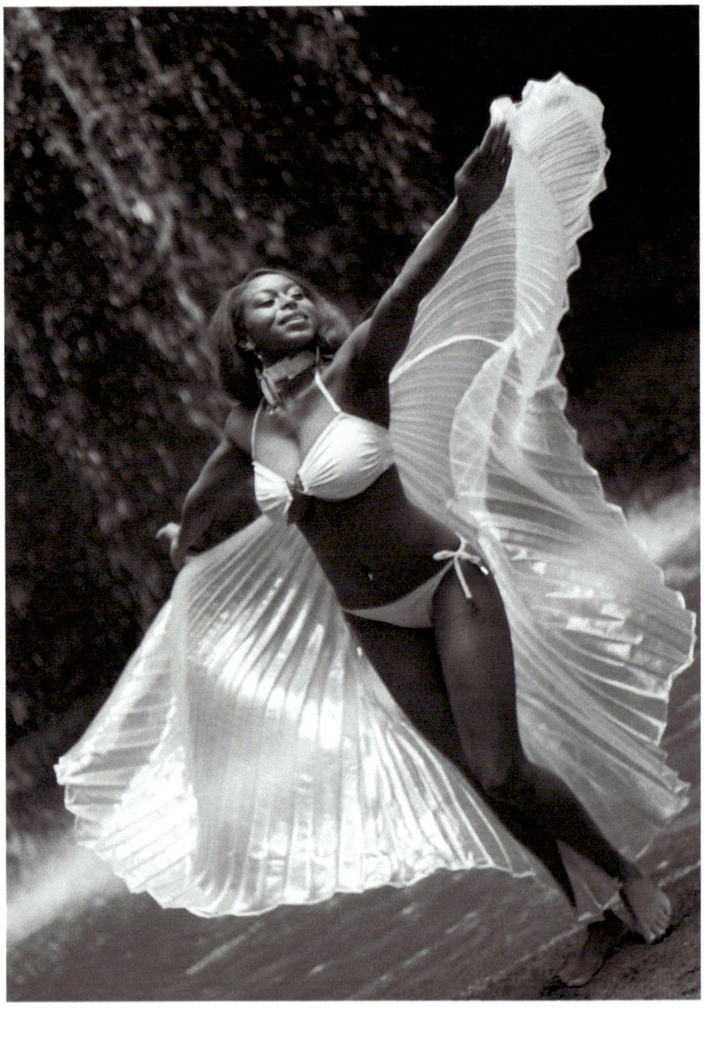

Bild 2.9 Hier kam die Festbrennweite zum Einsatz, um mit extrem offener Blende von 1,4 die geringe Lichtmenge im Wald an einem Wasserfall bestmöglich auszunutzen.

2.6 Kleine Dinge werden groß - Makro-Objektive

Einer der vielen faszinierenden Bereiche der Fotografie ist sicherlich die Makro-Fotografie. Die Facettenaugen einer Biene auf der Sonnenblume formatfüllend in perfekter Schärfe abzulichten, sollte doch heutzutage mit den Hightech-Boliden und Mega-Zooms möglich sein.

Nahgrenze und Abbildungsmaßstab

Jedes Objektiv hat jedoch bauartbedingt optische Grenzen, die so ohne Weiteres auch nicht aufzubrechen sind. Dem Makrofotografen stellt sich hier zunächst die sogenannte Nahgrenze in den Weg. Der Gegenstand ist schon einigermaßen groß, liegt in greifbarer Nähe und es wäre möglich, noch näher ran zu gehen, um das Objekt noch größer darzustellen. Jetzt stellt das Objektiv nicht mehr scharf. Die Nahgrenze ist in den technischen Daten eines Objektivs beschrieben und ist zunächst nicht zu unterschreiten.

Die Nahgrenze oder Nahdistanz ist der Abstand zwischen dem fotografierten Gegenstand und dem Sensor der Kamera.

Der technische Begriff, der beschreibt, wie groß ein Objekt wirklich fotografiert werden kann, ist der Abbildungsmaßstab. Er gibt an, wie groß ein Objekt auf dem Bildsensor dargestellt wird. Wenn Sie mit einer Kamera der Sensorgröße 16x24 mm ein Objekt fotografieren, das ebenfalls ca. 16x24 mm groß ist, so wird dieses Objekt bei einem Abbildungsmaßstab von 1:1 formatfüllend erscheinen. Bei einem Abbildungsmaßstab von 1:2 wird es die halbe Bildbreite und die halbe Bildhöhe füllen.

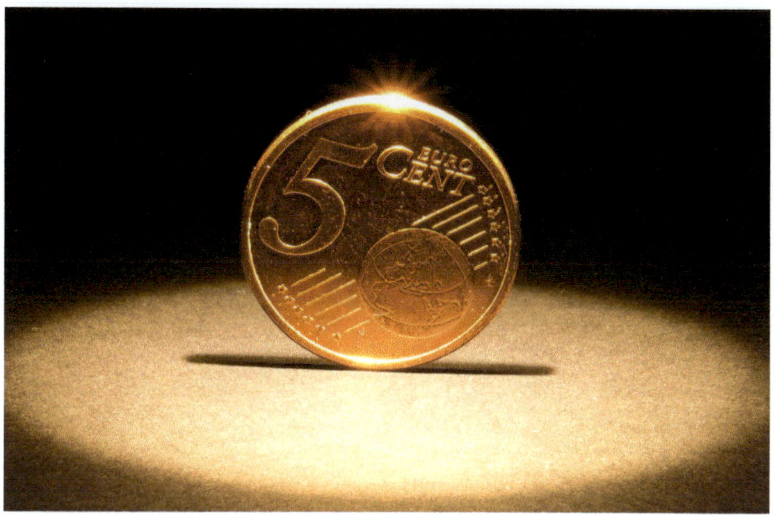

Bild 2.10 Das ist die maximale Abbildungsgröße eines 18-270 mm Objektivs. Die Nahgrenze ist hier erreicht.

Das Bild 2.10 zeigt, wo die Nahgrenze eines Tamron 18-270 mm Objektivs liegt. Jetzt könnte der Wunsch entstehen, noch näher heranzuzoomen und das Geldstück noch größer abzulichten – vielleicht mit einem Makro-Objektiv?

Orientierungshilfe beim Kauf eines Makro-Objektivs
Bei der Suche nach einem Makro-Objektiv wird man feststellen, dass sehr viele der angebotenen Produkte den Zusatz „Makro" aufweisen. Es ist nicht klar definiert, wo Makro anfängt und das führt dazu, dass ich in den vergangenen Jahren einige Teilnehmer erlebt habe, die sich ein „Makro-Objektiv" gekauft haben und mit dem Objektiv, das sie vorher schon hatten, größere Abbildungen gleicher Objekte erreicht haben als mit dem neu gekauften „Makro-Objektiv".

Entscheidend für die Makrofähigkeit ist der Abbildungsmaßstab. Je größer der Abbildungsmaßstab, desto größer können Dinge auf dem Sensor abgebildet werden. Ein Abbildungsmaßstab von 1:1 ist größer als ein Abbildungsmaßstab von 1:2. Wenn Sie sich ein Makroobjektiv zulegen möchten, ist es ratsam, diesen Wert der in Frage kommenden Produkte miteinander zu vergleichen.

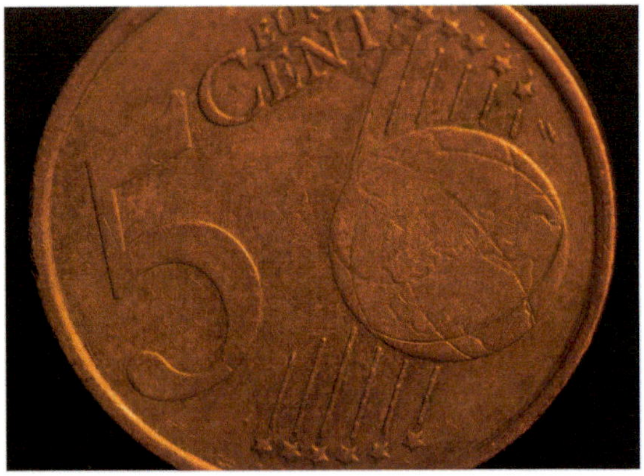

Bild 2.11 Aufnahme mit einem wirklichen Makro-Objektiv mit einem Abbildungsmaßstab von 1:1

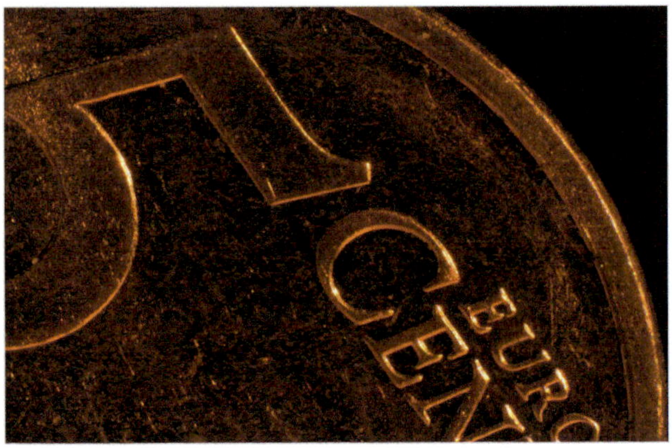

Bild 2.12 Makro-Aufnahme mit einem Umkehradapter

Bevor Sie sich jedoch ein Makro-Objektiv zulegen, möchte ich an diese Stelle ausdrücklich darauf hinweisen, dass es Alternativen zu Makro-Objektiven gibt, die mit Ihrem vorhandenen Equipment wesentlich größere Abbildungsmaßstäbe erzielen lassen. So gilt es zu überlegen, ob die Investition in Zwischenringe, ein Balgengerät oder in einen Umkehradapter nicht sinnvoll wäre.

2.7 Bild-Stabilisator

Unscharfe Bilder lassen sich trotz moderner Technik nicht befriedigend korrigieren und sind nicht zu gebrauchen. Eine der zahlreichen Ursachen für die Unschärfe im Bild ist die Eigenbewegung des Fotografen. Sie wird im Volksmund auch als „Verwackeln“ bezeichnet.

Wenn ein Objekt im Bild in Bewegung ist und eine leichte Unschärfe aufweist, ist dies meist zu tolerieren oder gar gewollt. Wenn der Fotograf aber ein feststehendes Objekt durch Vibration in der Kamera unscharf werden lässt, entsteht ein „Fehlschuss“.

Hier setzt der Stabilisator an. Er korrigiert die Eigenbewegung des Fotografen. Dadurch wird eine der Fehlerquellen in ihrer Auswirkung minimiert, jedoch nicht ganz ausgeschaltet. Technisch wird das vereinfacht dargestellt folgendermaßen realisiert:

Im Objektiv sind zwei Sensoren, einer für horizontale und einer für vertikale Eigenbewegungen. Im Objektiv befindet sich eine Korrekturlinse, die beweglich gelagert ist und mit Elektromagneten positioniert wird. Die beiden Sensoren erkennen, in welche Richtung sich die Kamera bewegt und ein elektrischer Impuls sorgt in Verbindung mit dem Elektromagneten für die Ausgleichsbewegung.

Dies bedeutet, dass Objektive mit Stabilisatoren etwas längere Verschlusszeiten beim Fotografieren aus der Hand erlauben, weil sie die Vibrationen, die durch den Fotografen ausgelöst werden, korrigieren. Das wird erreicht durch die entsprechende Gegenbewegung der Korrekturlinse. Bewegungen von Objekten werden durch diese Technik nicht ausgeglichen. Der beste Stabilisator mit der zuverlässigsten Arbeitsweise ist nach wie vor das gute alte Stativ, sofern Sie eines zur Hand haben. Sollte dies nicht der Fall sein, ist der Stabilisator eine Hilfe.

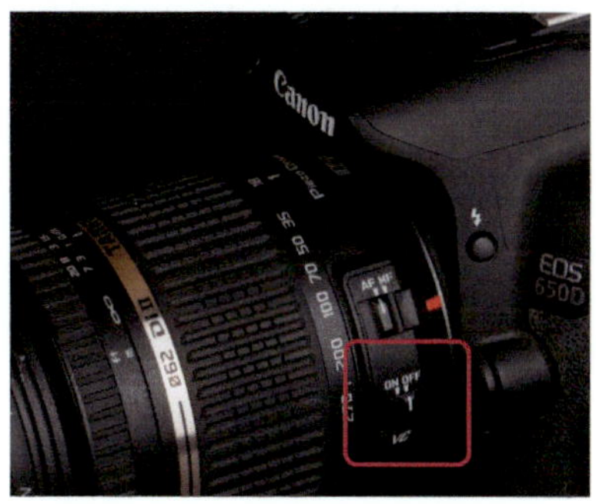

Warum kann man den Stabilisator ausschalten?
Wenn die Kamera auf dem Stativ steht, sollten Sie Ihren Stabilisator ausschalten, um Fehlkorrekturen der Technik zu vermeiden. Neuere Stabilisatoren erkennen automatisch, wenn das Stativ verwendet wird, hier brauchen Sie nicht an die Deaktivierung zu denken.

Ebenfalls deaktivieren sollten Sie den Stabilisator, wenn Sie Bilder erstellen, indem Sie die Kamera durch Nachziehen parallel zu sich bewegenden Objekten bewegen.

Bei einigen Herstellern (z. B. Nikon oder Canon) ist die Stabilisator-Technik wie oben beschrieben im Objektiv, bei anderen Anbietern ist sie in die Kamera integriert (z. B. Sony) und steht folglich bei allen verwendeten Objektiven gleichermaßen zur Verfügung. Bei diesem technischen Verfahren wird nicht die Korrekturlinse von Elektromagneten bewegt, sondern der Sensor.

2.8 Objektivwechsel

Wer unterschiedliche Objektive besitzt, muss gelegentlich einen Objektivwechsel durchführen. Hierbei sollte folgendes beachtet werden:

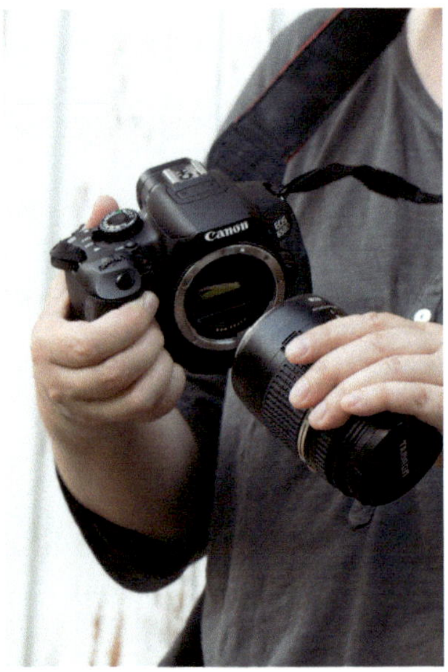

Bild 2.13 Objektivwechsel

- Achten sie darauf, dass die Kamera auf jeden Fall ausgeschaltet ist, bevor Sie den Objektivwechsel durchführen, um Beschädigungen der Ausstattung zu verhindern.
- Immer dann, wenn das Gehäuse offen ist, besteht die Gefahr, dass umherfliegender Schmutz oder Staub sich im Gehäuse absetzt und das kann dazu führen, dass Ihr Sensor verunreinigt wird. Dem Eindringen von Fremdkörpern können Sie etwas entgegenwirken, wenn Sie die Kamera im geöffneten Zustand so halten, dass der Objektivanschluss leicht nach unten zeigt. Das verhindert, dass herabfallende Partikel in das Kamerainnere gelangen.
- Wählen Sie zum Wechseln einen Standort, an dem weder eine große Staubentwicklung noch ein starker Pollenflug herrscht.

2.9 Was kann schiefgehen

- Das Heranzoomen oder generell die Verwendung zu langer Brennweiten kann dazu führen, dass die Bilder nicht die gewünschte Schärfe erzielen. Versuchen Sie es mit einem moderaten Heranzoomen.
- Beim Objektivwechsel können Staub und Dreck in das Gehäuse gelangen. Versuchen Sie, Objektivwechsel nicht öfter als nötig durchzuführen und achten Sie auf eine staubarme Umgebung.
- Wenn sie Aufnahmen mit dem Stativ durchführen, könnte es passieren, dass Sie den Stabilisator nicht vorher ausgeschaltet haben und durch Fehlkorrekturen Unschärfen in den Bildern auftauchen.

2.10 Übungen

- Fotografieren Sie doch einmal einen Gegenstand Ihrer Wahl mit unterschiedlichen Brennweiten. Achten Sie auf die unterschiedlichen Bildwirkungen.
- Oft ist es einen Versuch wert, beim Fotografieren das Heranzoomen wegzulassen und sich dem Objekt zu nähern.
- Fotografieren Sie einen Gegenstand aus unterschiedlichen Entfernungen und beobachten Sie, wie sich die Schärfe im Hintergrund verändert.
- Fotografieren Sie gleiche Motive mit und ohne Stabilisator und vergleichen Sie die Bildschärfe.
- Suchen Sie sich einen kleinen Gegenstand und testen Sie, wie groß Sie ihn fotografieren können. (Wenn Sie Probleme mit dem Scharfstellen oder mit dem Auslösen haben, wiederholen Sie die Übung nochmal, wenn Sie das Kapitel *Autofokus* gelesen haben.

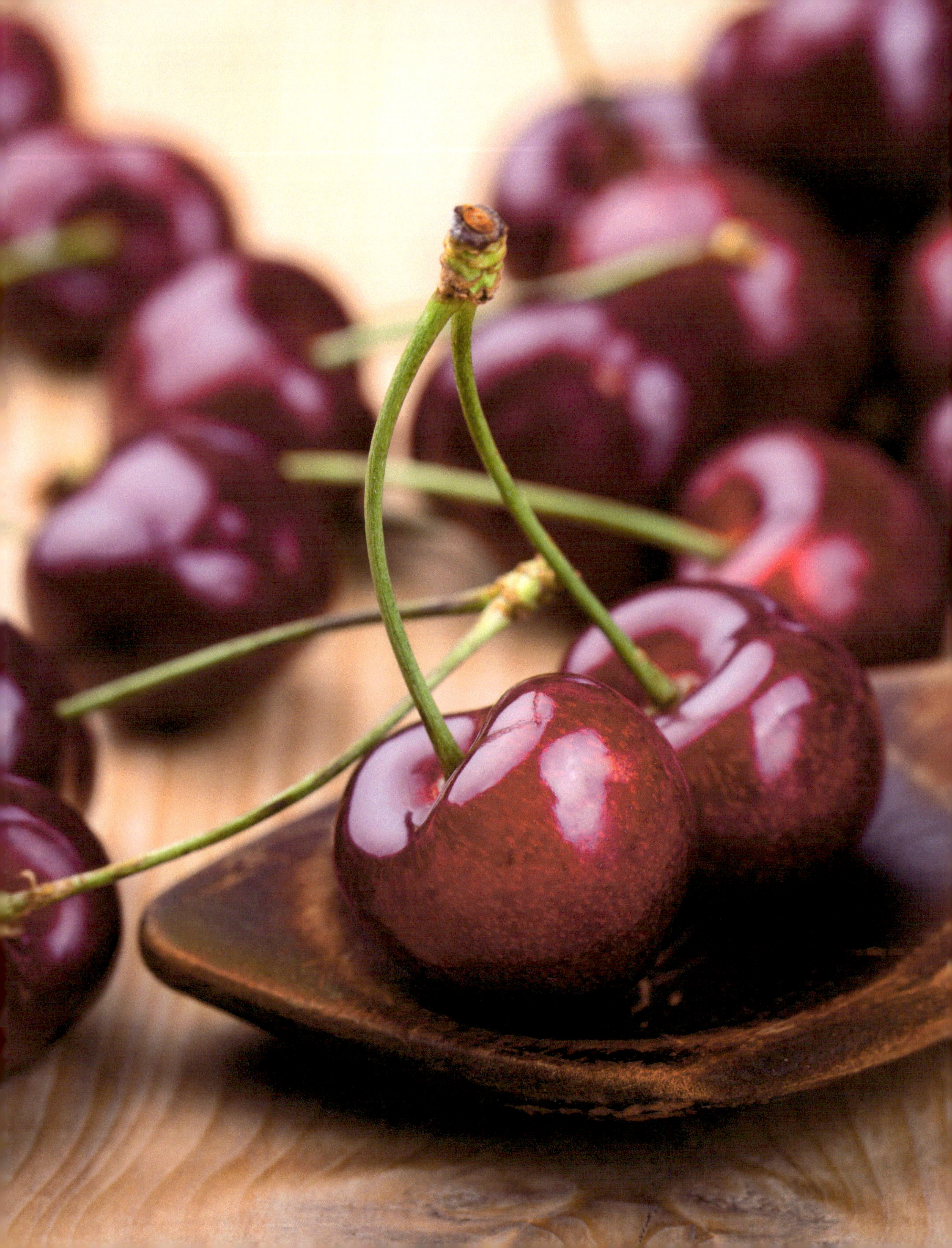

3 Autofokus

Eines der wichtigsten Werkzeuge beim Fotografieren ist der Autofokus. Er ist unter anderem dafür verantwortlich, auf eine bestimmte Entfernung scharfzustellen. Beim Fokussieren wird also bestimmt, welche Details im Bild scharf sind und welche Bildbereiche unscharf abgebildet werden sollen.

Auf den folgenden Seiten geht es darum, den Autofokus als bildgestaltendes Werkzeug einzusetzen und seine Arbeitsweise zu verstehen.

3.1 Autofokus bedienen

Bei Porträts ist es oft gewünscht, dass die Person scharf abgebildet wird und der Hintergrund möglichst unscharf, um das fotografierte Objekt so zu betonen. Man nennt diese Unschärfe im Hintergrund auch Bokeh. Das Fotografieren eines scharf abgebildeten Objektes vor einem unscharfen Hintergrund wird als Freistellen bezeichnet.

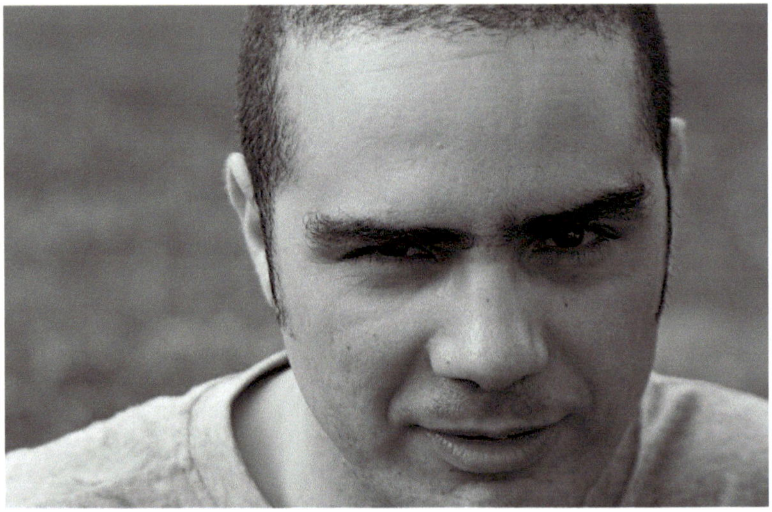

Bild 3.1 In diesem Foto ist die Person freigestellt. Der Hintergrund ist unscharf und lenkt deshalb nicht vom Motiv ab.

Autofokus ein- und ausschalten

In den Anfangszeiten des Autofokus vor einigen Jahrzehnten war die Leistungsfähigkeit dieser Technik noch nicht mit der von heute zu vergleichen und das manuelle Fokussieren spielte eine größere Rolle. Heute wird nur noch selten manuell scharfgestellt. An Ihrem Objektiv ist ein Schalter mit der Aufschrift *AF*. Schalten Sie diesen ein, um die Autofokusfunktionen zu nutzen.

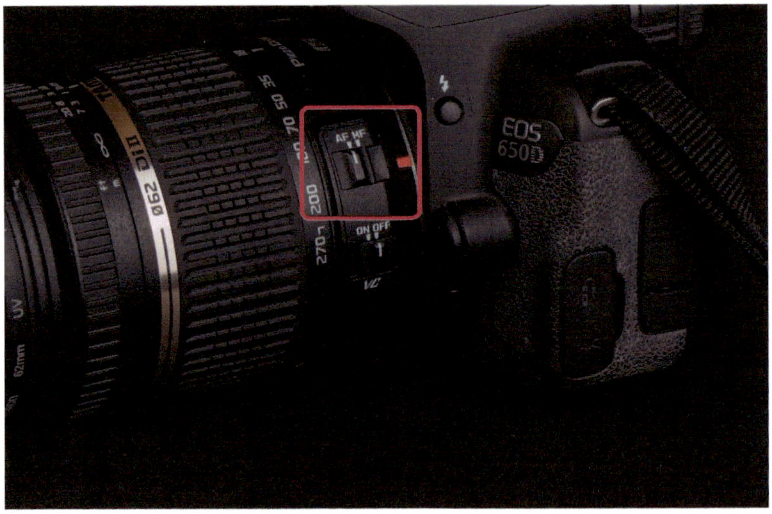

Bild 3.2 Schalter zum Ein- und ausschalten des Autofokus

Vorgehensweise beim Auslösen

Der Auslösevorgang ist in 2 Schritte aufgeteilt:

Schritt 1: Auslöser halb durchdrücken

Der Piepton kann in den Voreinstellungen der Kamera ausgeschaltet werden.

Drücken Sie den Auslöser halb durch. Der Autofokus sucht in dem von Ihnen gewählten Bildausschnitt nach „Objekten" und versucht, eines der Objekte - am liebsten eines, das sich in der Bildmitte befindet – scharfzustellen. Das wird bei einigen Kameras akustisch signalisiert. Gleichzeitig leuchtet im Sucher ein dicker Punkt auf.

Wenn Sie durch den Sucher schauen, sehen Sie mehrere kleine Rechtecke über das Bild verteilt. Diese Rechtecke bezeichnet man als Messfeld. Bei halb durchgedrücktem Auslöser wird nach der Scharfstellung eines oder mehrere dieser Rechtecke farblich hervorgehoben. Was sich „unter" diesem Rechteck befindet, wird im Bild scharf abgebildet.

Je nach Bildausschnitt und Motiv kann es sein, dass entweder nur ein Rechteck aufleuchtet oder mehrere. Wenn mehrere aufleuchten, bedeutet dies, dass alle Bereiche unter einem leuchtenden Messfeld im scharf abgebildeten Bereich liegen. Der Autofokus stellt auf eine bestimmte Entfernung scharf. Wenn der Autofokus beispielsweise auf 3 Meter scharf gestellt hat, so sind alle Gegenstände in einer Entfernung von 3 Metern scharf. Wenn sich also an mehreren Bildstellen unter einem Messfeld Gegenstände in 3 Metern Entfernung befinden, so leuchten mehrere Messfelder auf.

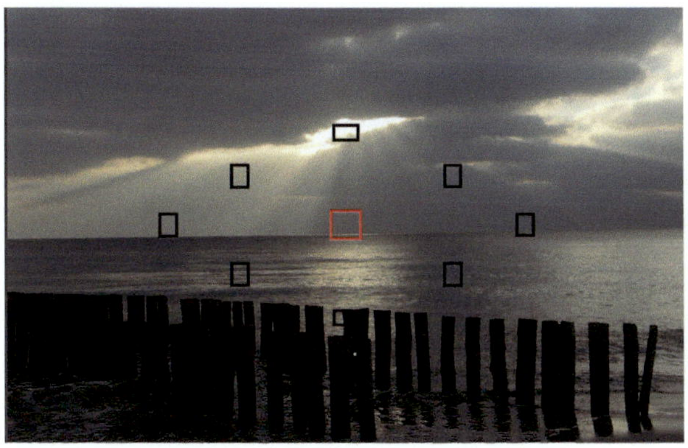

Bild 3.3 Das aktive Messfeld ist farblich hervorgehoben.

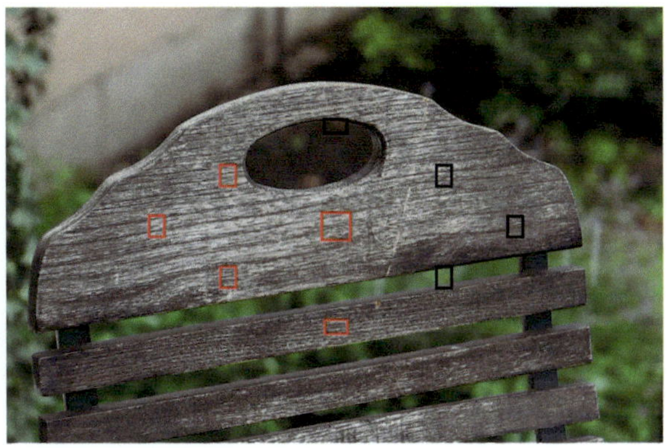

Bild 3.4 Alles unter den leuchtenden Feldern ist scharf.

Schritt 2: Auslöser durchdrücken

Wie im vorherigen Abschnitt beschrieben, legt die Kamera fest, welche Objekte scharfgestellt werden sollen. Das kann den Vorstellungen des Fotografen entsprechen oder nicht. Vor jeder Auslösung ist es deshalb wichtig, die Punkte im Sucher genau zu beobachten. Sollte der Vorschlag der Kamera Ihren Vorstellungen entsprechen, so können Sie auslösen und Sie haben hinsichtlich des Autofokus alle Vorkehrungen getroffen, um ein scharfes Bild zu erzielen.

fokussierten Bereich anpassen

Sollte Ihnen der Vorschlag nicht gefallen, lösen Sie nicht aus. Das vermeidet die sprichwörtliche Bilderflut der Digitalfotografie. Je weniger Ausschuss Sie produzieren, desto mehr Spaß haben Sie bei der Betrachtung und Weiterverarbeitung Ihrer Bilder. Anstatt auszulösen, lassen Sie den Auslöser einfach kurz los und betätigen ihn erneut. Damit haben Sie der Kamera mitgeteilt, dass Sie nicht einverstanden sind. Wenn der Bildausschnitt es zulässt, wird der Autofokus Ihnen jetzt einen anderen Vorschlag machen.

Bild 3.5 Erster Vorschlag des Auto-Fokus

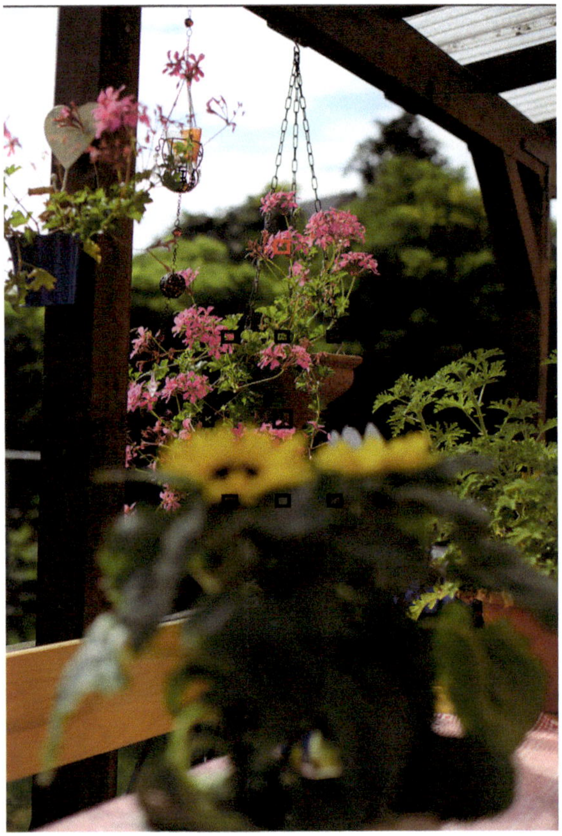

Bild 3.6 Vorschlag nach erneutem Halb-Durchdrücken

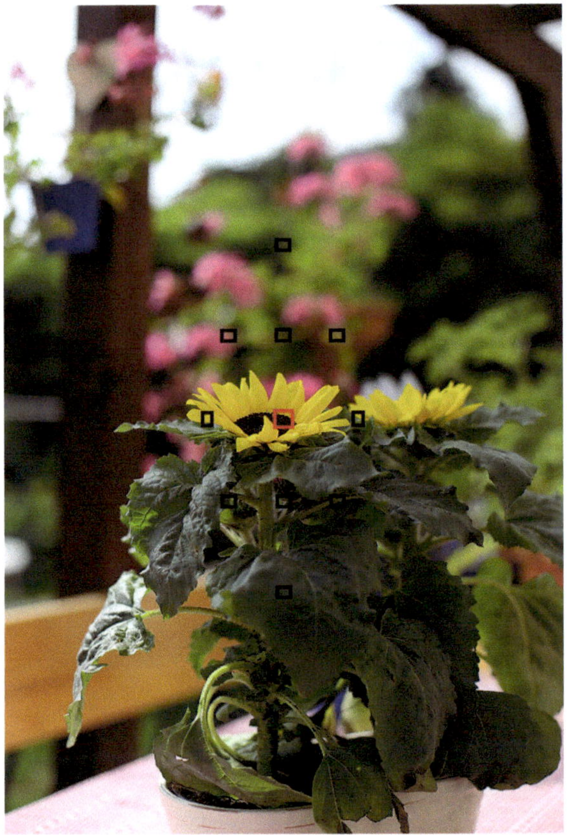

Bei detailreichen Motiven sind viele Vorschläge möglich. Probieren Sie durch mehrfaches Halbdurchdrücken des Auslösers solange aus, bis das gewünschte Ergebnis angezeigt wird und lösen Sie dann erst ganz aus.

Sollte trotz mehrfachem Halbdurchdrückens immer noch kein befriedigendes Ergebnis erzielt sein, so müssen Sie den Bildausschnitt leicht variieren. Das kann durch die Veränderung Ihrer Position, durch Betätigung des Zooms an Ihrem Objektiv oder durch Entfernen störender und ablenkender Objekte aus Ihrem Bild erfolgen.

Dieser Vorgang des Fokussierens ist ein elementarer Schritt beim Fotografieren und erfordert sehr viel Übung. Wenn Sie üben möchten, gehen Sie mit der Kamera durch Ihr Zuhause und suchen sich wahllos Gegenstände aus. Versuchen Sie den gewünschten Gegenstand scharfzustellen, ohne auszulösen. Sie werden schnell merken, dass sich ein Gefühl für Bildausschnitt und Nahgrenze einstellt. Dieses Gefühl hilft Ihnen beim wirklichen Fotografieren, sicherer zu sein und Ihre Trefferquote zu erhöhen. Wenn die Fokussierung abgeschlossen ist, besteht die Möglichkeit, den Auslöser halb durchgedrückt zu halten. Mit gehaltenem Auslöser können Sie jetzt den Bildausschnitt noch geringfügig verschieben, um die Bildgestaltung leicht zu verändern. Ein zu starkes Verschieben des Bildausschnitts führt jedoch häufig zu Unexaktheiten und Unschärfe.

Autofokus und Belichtung

Der Autofokus hat nicht nur die Funktion, das Objektiv auf die richtige Entfernung scharfzustellen, er hat auch unter Umständen einen Einfluss auf die Berechnung der Belichtung. Je nach Programm besteht die Möglichkeit, die Messmethoden für die Belichtung zu beeinflussen.

Wenn Sie also dafür sorgen, dass Ihr Hauptmotiv sich unterhalb eines Messpunktes befindet, sorgen Sie auch dafür, dass die Kamera sich bei der Belichtungsmessung an diesem Hauptmotiv orientiert.

Manuelle Festlegung des aktiven Messfeldes

Mehr zu Programmen und zur manuellen Festlegung des Messfelds erfahren Sie im Kapitel 5

In dem Programm „P" kann man an der Kamera vorher einstellen, welches Messfeld aktiviert werden soll. Hat man das getan, so reagiert die Kamera nur unter dem vorher definierten Messfeld. Diese Funktion ist in den Automatik- und in den Motivprogrammen jedoch nicht verfügbar.

3.2 Autofokus-Betriebsarten

Der Autofokus bietet verschiedene Betriebsarten, um den unterschiedlichen Aufnahmesituationen gerecht zu werden. Wenn Sie ein Objekt fotografieren, das auf Sie zukommt, erfordert das eine andere Herangehensweise als bei einem Gegenstand, der stehen bleibt, wie beispielsweise ein geparktes Auto oder ein Haus.

One Shot oder AF Single

Der klassische Autofokus-Modus für unbewegte Motive ist der sogenannte One-Shot Modus bei Canon oder AF-S(ingle) bei Nikon. Hierbei wird fokussiert, die Kamera quittiert den erfolgreichen Vorgang optisch im Sucher und je nach Einstellung auch akustisch, danach wird durchgedrückt und ausgelöst.

AI Servo oder AC(ontinious)

Diese Funktion ist darauf ausgelegt, bewegte Objekte zu verfolgen. Wenn Sie einen Fahrradfahrer fotografieren, der auf Sie zu kommt, wird sich die Entfernung laufend ändern. Halten Sie den Auslöser halb durchgedrückt, so hören und spüren Sie, wie Ihr Objektiv laufend nachjustiert, um jederzeit auf die richtige Entfernung scharfzustellen.

Wenn Sie mit dieser Einstellung arbeiten, ertönt kein Bestätigungston. Es handelt sich ja hier um einen fortlaufenden, immer aktiven Vorgang des Scharfstellens. Die Kamera würde durch dauerndes piepsen nur Strom verbrauchen und störende Geräusche erzeugen.

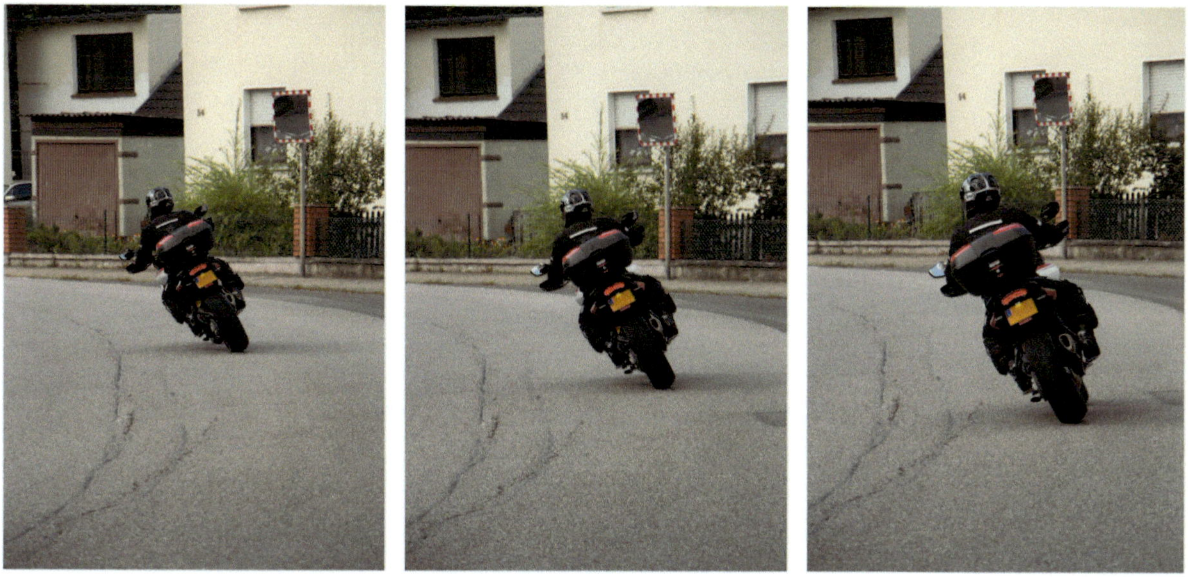

Bild 3.7 kontinuierliches Fokussieren auf ein bewegtes Objekt

Wie in den oben gezeigten Bildern bietet der kontinuierliche Autofokus die ständige Möglichkeit auszulösen und dadurch lassen sich Bewegungen gut im Bild festhalten.

AI Fokus

Hier handelt es sich um eine Mischung aus den beiden genannten Betriebsarten. Die Kamera erkennt automatisch, wenn der Abstand des fokussierten Objektes sich verändert und verfolgt dieses Objekt. Bei dieser Einstellung verhält sich Ihr Fotoapparat annähernd so, wie Sie es vielleicht von einer Video-Kamera kennen. Dieser Modus wird bei vielen Kameras automatisch eingestellt, wenn Sie das Sportprogramm wählen. In Kombination mit dem dann ebenfalls automatisch eingestellten Serienbildmodus ergibt sich eine große Anzahl an Bildern und die Trefferwahrscheinlichkeit wird größer.

3.3 Problemfälle für den Autofokus

Wie jede technische Funktion hat der Autofokus bauartbedingte Schwachstellen, die bei unterschiedlichen Aufnahmesituationen auftreten können. Hier ist es wichtig, zu verstehen, woher das Problem kommt, um Abhilfe zu schaffen.

Zu dunkel

Der Autofokus braucht eine gewisse Lichtmenge, um zuverlässig und schnell zu arbeiten. Wenn diese Lichtmenge nicht vorhanden ist, bieten verschiedene Kameras unterschiedliche Verfahren an, um für genügend Licht zu sorgen.

Das sogenannte Autofokus-Hilfslicht wird automatisch – meist über den integrierten Blitz – ausgesendet, um die, zur Ermittlung der Entfernung und damit zur Scharfstellung, notwendige Lichtmenge zu erzielen. Das Autofokus-Hilfslicht kann bei einigen Kameras in den Menüs ein- und ausgeschaltet werden.

Zu nah dran

Jedes Objektiv hat eine Nahgrenze, die man nicht unterschreiten darf. Aus optischen Gründen ist unterhalb dieser Nahgrenze kein scharfes Bild mehr möglich. Das stört häufig beim Fotografieren von kleinen Blumen oder Insekten. Die Nahgrenze ist in den technischen Daten des Objektivs aufgeführt und kann dem mitgelieferten Datenblatt entnommen werden. Mit der Zeit entwickeln Sie ein Gefühl für die Nahgrenze Ihres Objektivs.

Zu wenig Kontrast

Wenn Sie eine weiße Wand fotografieren wollen, so wird der Autofokus nicht oder nur sehr langsam funktionieren. Die Erkennung von Objekten, die er zur Scharfstellung anbietet, erfolgt durch die Erfassung von Kontrasten im Bild. In einer einfarbigen Fläche sind jedoch nahezu keine Kontraste vorhanden. Folglich wird es Ihr Objektiv nicht schaffen, scharfzustellen. Abhilfe schafft hier wieder das Verändern des Bildausschnittes in der Form, dass ein kontrastreicher Gegenstand mit in das Bild einbezogen wird. Wenn Sie eine weiße Tür fotografieren wollen, wählen Sie den Ausschnitt also am besten so, dass rechts und links oder über der Tür noch etwas auf dem Bild zu sehen ist, was sich farblich unterscheidet.

Wenn Sie eine helfende Hand zur Verfügung haben, können Sie auch folgendermaßen vorgehen:

1. Ihr Helfer hält einen Gegenstand an die kontrastarme Fläche.
2. Sie drücken den Auslöser halb durch und warten, bis das gewünschte Messfeld aufleuchtet und halten den Auslöser halb gedrückt.
3. Der Helfer entfernt das Hilfsobjekt von der Wand.
4. Sie halten den Auslöser immer noch halb durchgedrückt und lösen jetzt aus, indem Sie ganz durchdrücken.

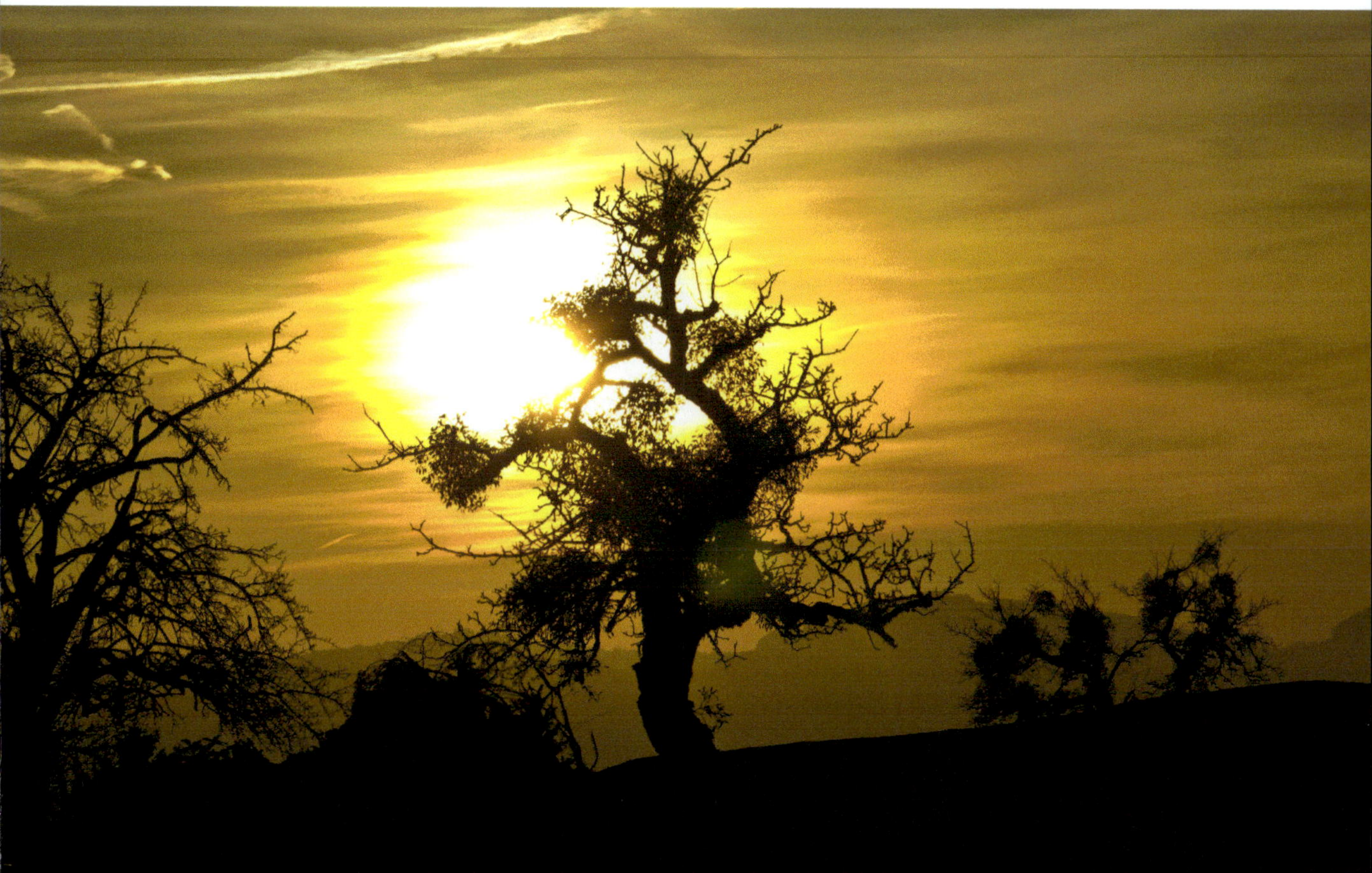

3.4 Übungen

- Suchen Sie sich ein kontrastreiches Motiv in heller Umgebung. Positionieren Sie sich ca. 2m entfernt von Ihrem Motiv. Ohne auszulösen, fokussieren Sie jetzt das Motiv an. Wenn es geklappt hat, lassen Sie den Auslöser los, gehen etwas näher und versuchen es erneut. Irgendwann merken Sie, dass das Scharfstellen nicht mehr funktioniert. Gehen Sie jetzt wieder ein kleines Stück zurück und versuchen Sie es erneut. So finden Sie die Nahgrenze Ihres Objektivs. Den Vorgang sollten Sie bei langer und bei kurzer Brennweite durchführen. Oft ist die Nahgrenze bei kurzer Brennweite nicht identisch mit der bei Teleeinstellung.
- Stellen Sie sich auf Ihrem Küchentisch 3 Kaffeetassen in unterschiedlichen Entfernungen auf. Erstellen Sie 3 Bilder, auf jedem Bild sollte eine andere Tasse scharf sein.
- Fotografieren Sie in einem Garten und stellen gezielt auf einzelne Objekte scharf.
- Suchen Sie sich ein Motiv, bei dem sich ein Gegenstand in einem Abstand von ca. 1,50 Metern von Ihnen entfernt befindet und der Hintergrund mindestens 5 Meter entfernt ist. Zoomen Sie so nah wie möglich heran. Erstellen Sie eine Aufnahme, auf der das nahe Objekt scharf ist und eine Aufnahme, auf der der Hintergrund scharf ist.
- Schalten Sie Ihren Autofokus aus und versuchen Sie, ein Motiv Ihrer Wahl manuell scharfzustellen. Vergessen Sie aber bitte nicht, den Autofokus hinterher wieder an Ihrem Objektiv einzuschalten.

3.5 Was kann schiefgehen

Beim Autofokus gibt es einige Dinge, die schiefgehen können:

- Der Autofokus ist auf ein falsches Objekt ausgerichtet. Erstellen Sie eine neue Aufnahme mit der richtigen Platzierung des Autofokusfeldes.
- Ihr gesamtes Bild kann zu dunkel sein. Im Innenraum hilft es hier, wenn Sie das Licht einschalten. Draußen schalten Sie einfach den Blitz dazu.

- Der Autofokus funktioniert nicht, weil das Motiv zu kontrastarm ist. Hier hilft es, einen Kontrast in den Bildausschnitt zu integrieren.
- Der Autofokus reagiert nicht. Kontrollieren Sie, ob Sie am Objektiv den Schalter für den Autofokus ein- oder ausgeschaltet haben.
- Die Objekte in Ihrem Motiv sind in Bewegung und der Autofokus ist zu langsam. Hier haben Sie wenige Chancen, da die Geschwindigkeit des Autofokus technisch limitiert ist.

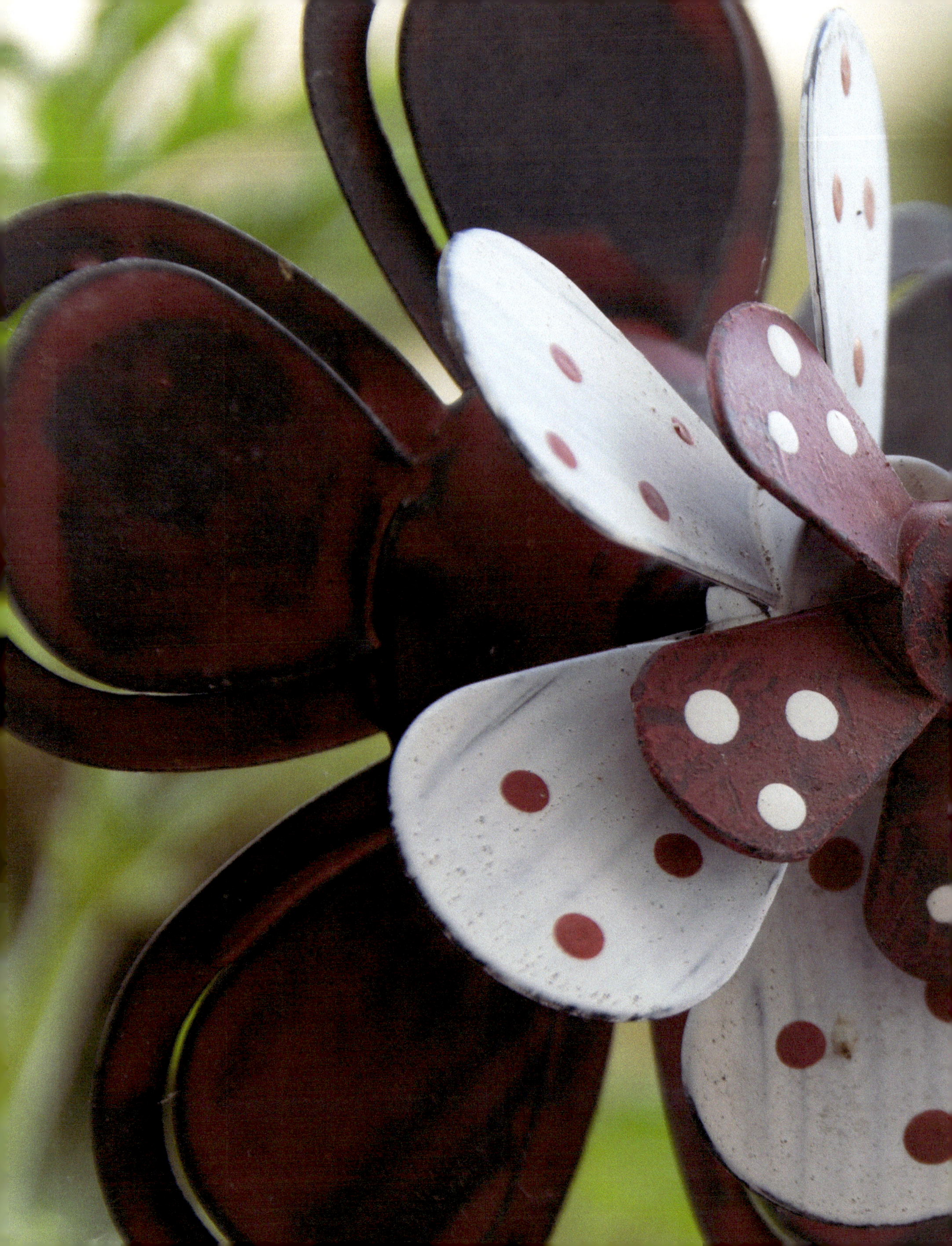

4 Technische Grundlagen der Fotografie

Zum besseren Verständnis der Kamera möchte ich Ihnen die wichtigsten Prinzipien und Grundeinstellungen in diesem Kapitel kurz erläutern. Neben der einfachen Tatsache, dass durch das Objektiv Licht auf den Bildsensor trifft und dieser die Informationen in ein Digitalbild umwandelt, können Sie in diesen Prozess durch Auswahl verschiedenster Einstellungen eingreifen, um das Ergebnis nach Ihren Vorstellungen zu beeinflussen.

4.1 ISO-Empfindlichkeit

In der analogen Fotografie war beim Kauf eines Filmes immer wichtig, ob es sich um einen 100er, einen 200er oder sogar einen 400er Film gehandelt hat. Diese Zahl ist auch heute noch entscheidend beim Fotografieren.

Je höher die ISO-Zahl, desto lichtempfindlicher war früher der Film bzw. desto mehr Licht wird heute auf dem Sensor abgebildet. Konnte man früher die ISO-Werte nur für einen ganzen Film bestimmen, so kann man heute die ISO-Zahl von Bild zu Bild über die ISO-Taste an Ihrer Kamera einstellen.

Die ISO-Taste befindet sich in der Regel an einer Stelle, die Sie während des Fotografierens erreichen können, ohne die Kamera vom Auge zu nehmen.

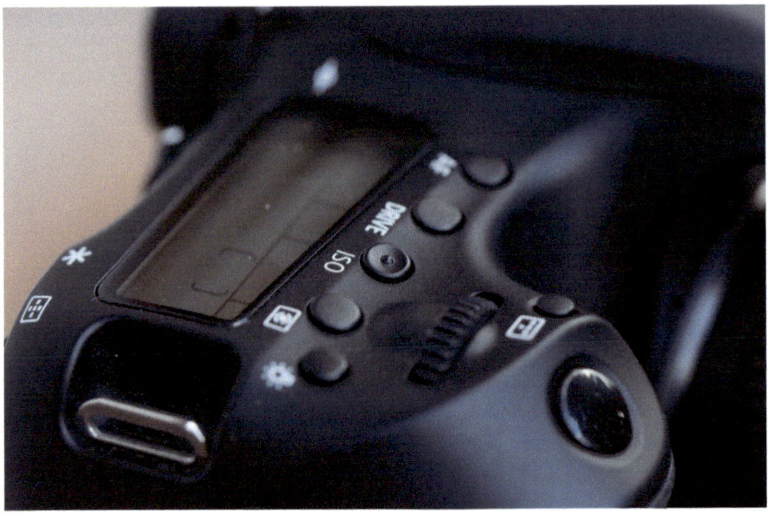

Bild 4.1 ISO-Taste auf der Oberseite der Kamera

Merke!

Die ISO-Taste erlaubt Ihnen, die Verstärkung des Lichtsignals festzulegen.

Beim Fotografieren hat man sehr oft zu wenig Licht. Eine Möglichkeit, um die Lichtausbeute deutlich zu verbessern, besteht also darin, die ISO-Empfindlichkeit zu erhöhen. Der Preis, den wir für diese bessere Lichtempfindlichkeit bezahlen, ist der Effekt, der als **Bildrauschen** bezeichnet wird. Mit zunehmender Lichtempfindlichkeit wird das Bild grobkörniger. Der Idealwert ist also die kleinste ISO-Einstellung, die Ihre Kamera Ihnen anbietet, bei der noch genügend Helligkeit auf dem Bild entsteht.

Der Wertebereich der ISO-Einstellung reicht heute von ca. 100 bis teilweise in den 5-stelligen Bereich. Dass die Qualität bei ISO

12.800 nicht mehr mit ISO 100 zu vergleichen ist, sollte dem Fotografen bewusst sein und dazu führen, sich Gedanken über Alternativen wie Blitz oder Stativ zu machen. Betrachten Sie dazu auch die Bilderserie auf Seite 68. Das letzte Bild zeigt deutlich das stark ausgeprägte Bildrauschen bei hohem ISO-Wert.

Beim Rauschverhalten im höheren ISO-Bereich haben die Kameras ihre Qualität in den letzten Jahren deutlich verbessert. Kameras gleicher Produktreihen und neueren Entwicklungsdatums zeigen oft ein deutlich besseres Rauschverhalten als die Vorgängermodelle. Genau in diesem Bereich spielt die Vollformat-Kamera auch ihre wahre Stärke aus. Durch den größeren Sensor steht pro Pixel mehr Fläche zur Verfügung und die Lichtmenge ist größer. Deshalb braucht das Signal nicht so sehr verstärkt zu werden und es entsteht weniger Rauschen.

Wer sich nicht zu sehr mit den ISO-Einstellungen beschäftigen will, kann der Kamera das auch in der Programmautomatik überlassen und kann die ISO-Einstellung auf „Automatisch" setzen. Die Kamera wählt dann für das jeweilige Bild die kleinste ISO-Einstellung aus, die eine ausreichende Belichtung gewährleistet. Hierbei kann die Kamera auch Zwischenwerte einstellen, die über die manuelle Vorwahl nicht möglich sind.

Als **Bildrauschen** bezeichnet man die Qualitätsminderung bei der Verwendung von hohen ISO-Werten. Bereits in Zeiten der analogen Fotografie boten Filme mit hohen ISO-Werten eine bessere Lichtausbeute und erlaubten das Fotografieren ohne Blitz auch bei geringen Lichtmengen. Der Nachteil bestand darin, dass der lichtstarke Film von seiner Struktur her sehr körnig war und das Bild entsprechend grobkörnig aussah. Bei digitalen Bildern zeigt das Rauschen ein ähnliches Aussehen. Das Bildrauschen ist in dunklen Bildbereichen stärker ausgeprägt als an hellen Bildstellen.

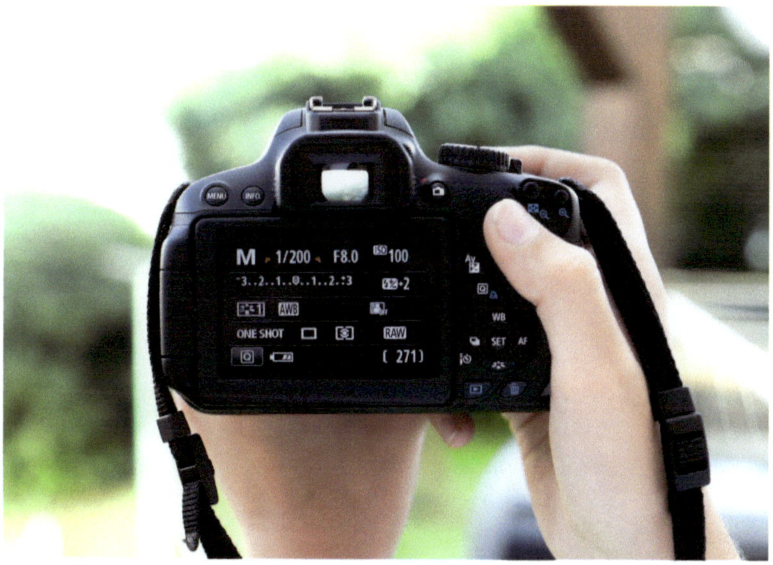

Bild 4.2 Anzeige von Verschlusszeit, Blende und ISO-Wert auf dem Display der Kamera

Anzeige auf dem Display:
Verschlusszeit 1/200
Blende F8.0
ISO 100

Zu Verschlusszeit und Blende erfahren Sie gleich mehr auf den nächsten Seiten.

Bilderserie mit zunehmender ISO-Zahl

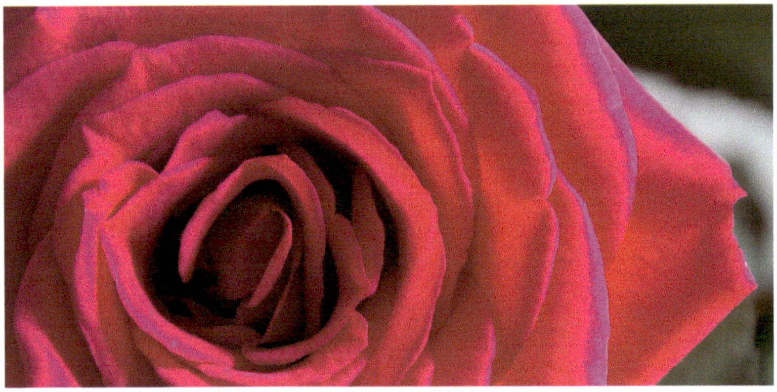

Bild 4.3 ISO 100

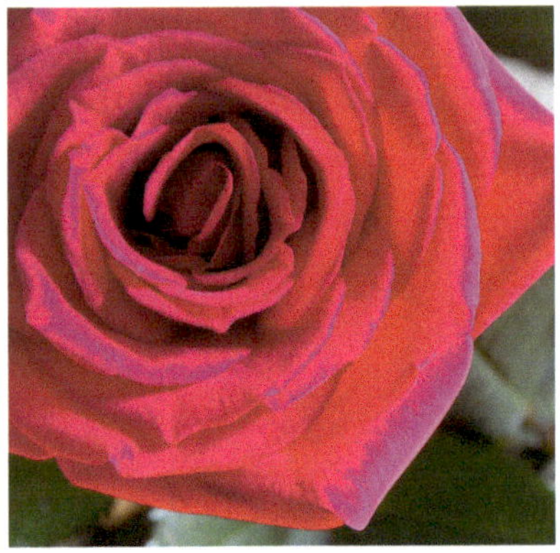

Bild 4.4 ISO 200

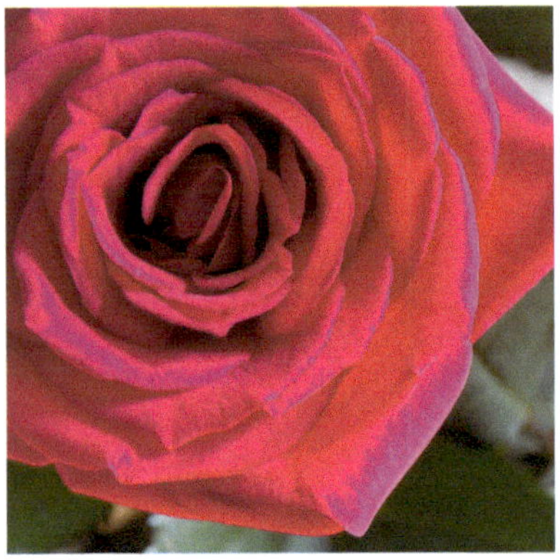

Bild 4.5 ISO 400

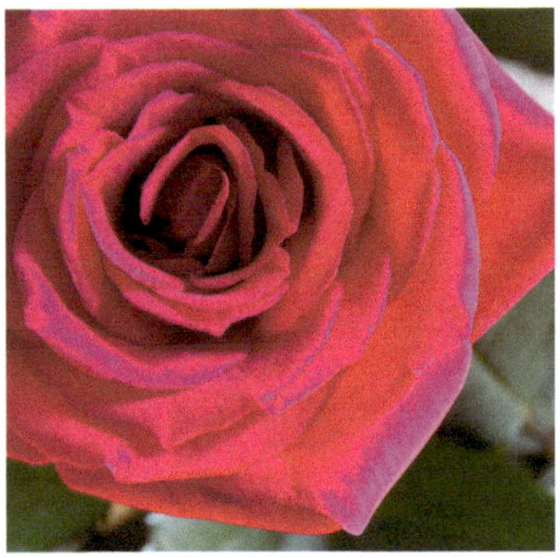

Bild 4.6 ISO 800

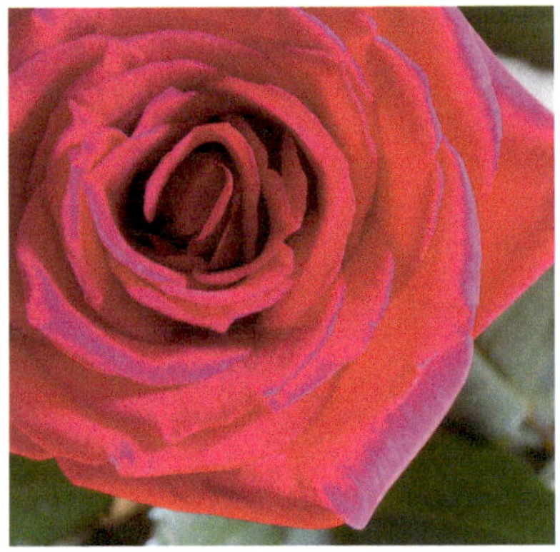

Bild 4.7 ISO 1600

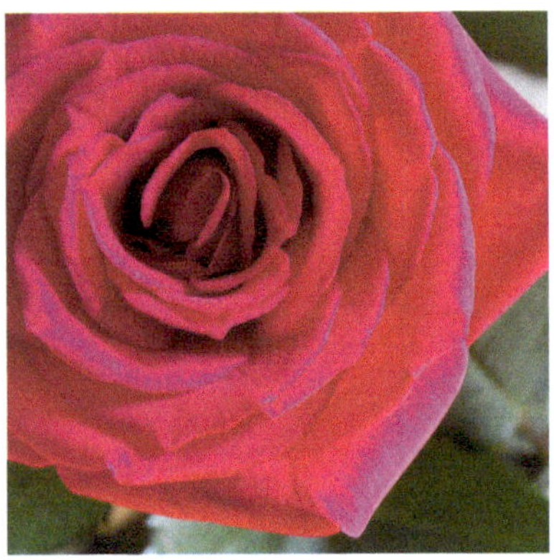

Bild 4.8 ISO 6400

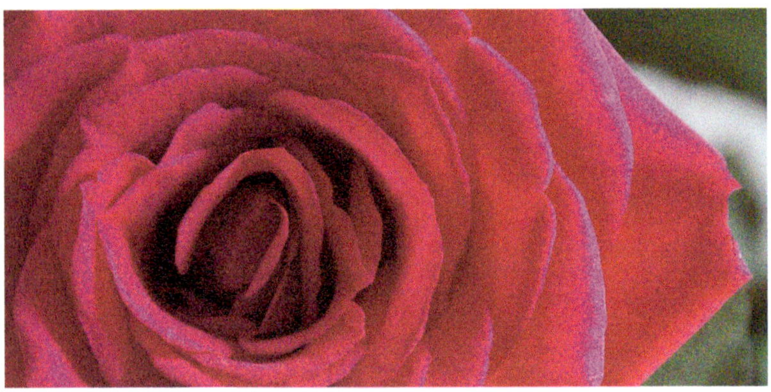

Bild 4.9 ISO 12800

4.2 Blende und Verschlusszeit

Von Blende und Verschlusszeit wird die Belichtung maßgeblich beeinflusst. Während die oben beschriebene ISO-Zahl festlegt, um wie viel das einfallende Licht verstärkt wird, wird durch die Einstellung von Blende und Verschlusszeit festgelegt, wie viel Licht wirklich auf den Sensor auftrifft.

Blende = Blendenzahl

Hierbei gibt die **Blendenzahl** an, wie weit der Verschluss sich öffnet. Wenn dieser sich nur gering öffnet, so fällt wenig Licht ein, wenn er sich weit öffnet, fällt viel Licht ein.

Die Belichtung erfolgt zwar in der Regel relativ schnell, ist aber ein stetiger Vorgang, der den Sensor, solange der Verschluss geöffnet ist, immer heller werden lässt. Die Belichtungszeit gibt also an, wie lange der Verschluss geöffnet wird. Deshalb spricht man hier auch oft von **Verschlusszeiten**.

Belichtungszeit = Verschlusszeit

Generell kann man also sagen, ist der Verschluss weit offen, so braucht er nicht so lange geöffnet zu sein, um die gleiche Lichtmenge auf den Sensor zu bringen, wie bei einer kleinen Öffnung. Die Belichtungszeit muss also bei einer wenig geöffneten Blende länger sein.

Das Arbeiten mit einer weniger geöffneten Blende bezeichnet man als „Abblenden".

Um ein Bild korrekt zu belichten, müssen die Belichtungszeit und Öffnung der Blende aufeinander abgestimmt sein. Beide Werte sind innerhalb der technischen Grenzen in kleinen Stufen einstellbar und so kann der geübte Fotograf genau bestimmen ,wie die Belichtung erfolgen soll. Ist eine kurze Belichtungszeit gewünscht, so ist es erforderlich, die Blende weit zu öffnen, damit in der kurzen Zeit auch genügend Licht auf den Sensor trifft. Besteht die Idee darin, ein Bild langsam zu belichten, so muss durch eine relativ geschlossene Blende dafür gesorgt werden, dass es nicht zu einer Überbelichtung kommt.

Mit Verschlusszeit und Blende bestimmen Sie die einfallende Lichtmenge.

Merke!

Kurz oder lang? Geschlossen oder offen?

Worin unterscheiden sich korrekt belichtete Bilder mit langen und kurzen Verschlusszeiten bzw. mit offener und geschlossener Blende?

Die Verschlusszeit regelt die Darstellung von Bewegung:

Die Verschlusszeit wird in Sekunden bzw. in Sekundenbruchteilen angegeben (z. B. 1/60).

- Lange Verschlusszeiten (z. B. 1 Sekunde) bilden Bewegungen ab. Das bedeutet, dass beispielsweise ein Brunnen oder ein Bach als „fließend" dargestellt werden. Die Verwackelung des Fotografen wird bei langen Belichtungen ebenfalls im Bild dargestellt. Folglich ist es bei langen Belichtungszeiten notwendig, die Kamera auf ein Stativ zu stellen.
- Kurze Verschlusszeiten (z. B. 1/1000 Sekunde) frieren Bewegungen ein. Bei fließendem Wasser oder bei einem Brunnen ist dann jeder Tropfen für sich erkennbar. Durch die Kürze der Belichtungszeit wird das Verwackeln des Fotografen auf dem Bild nicht sichtbar und der Einsatz eines Statives ist nicht erforderlich.

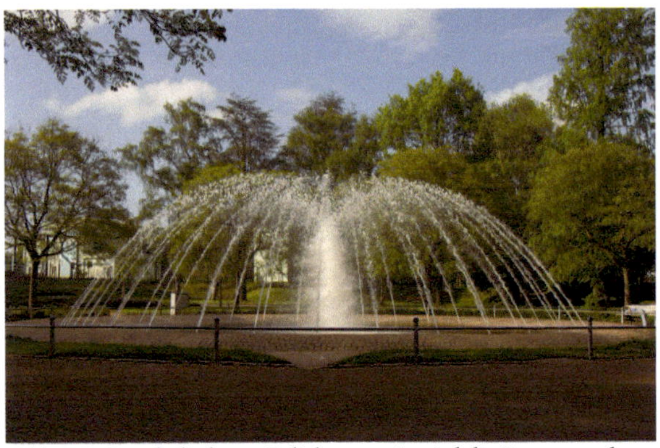

Bild 4.10 Durch die kurze Belichtungszeit wird die Bewegung des Wassers eingefroren

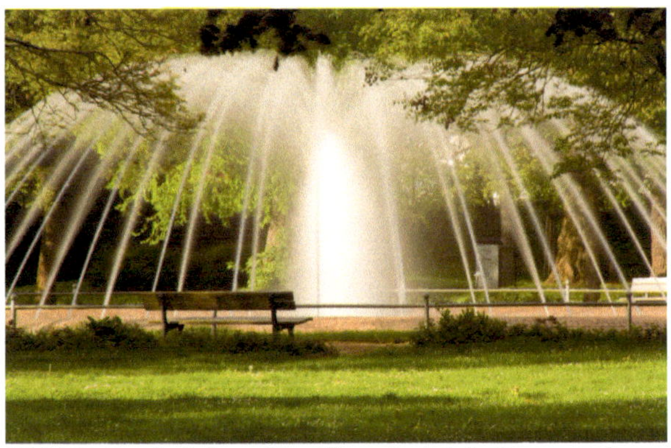

Bild 4.11 Durch die lange Verschlusszeit wird die Bewegung des Wassers dargestellt

Die Blende beeinflusst den Schärfebereich:

Die Blendenzahl wird auf unterschiedliche Weise abgebildet. Sie finden Darstellungen, wie hier verwendet f /4, aber auch Schreibweisen wie 1:4 oder F 4 sind korrekt. Die Blende wird immer als Kehrwert angegeben. So lässt f 2,8 mehr Licht durch als f 16.

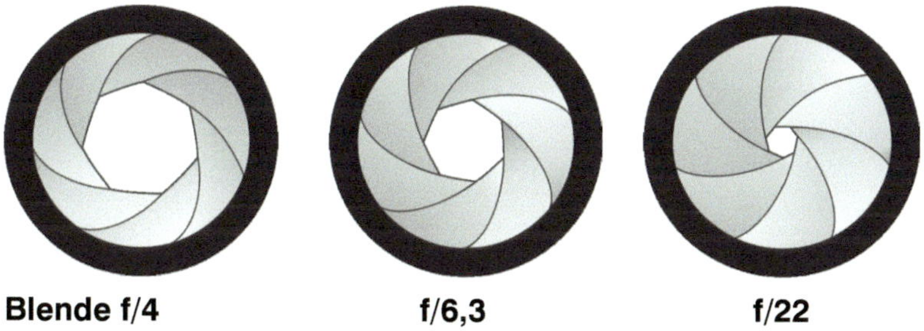

Je höher die Blendenzahl, umso kleiner ist die Blendenöffnung und umso weniger Licht erreicht den Sensor.

- Offene Blenden (kleine Zahl – z. B. f 2,8) lassen viel Licht durch. Das bedeutet, dass in relativ kurzer Zeit viel Licht auf den Sensor trifft und die benötigte Verschlusszeit sehr kurz ist. Aus Sicht der Bildgestaltung bieten offene Blenden einen ganz geringen Schärfebereich an.

  Angenommen sie fotografieren eine Blume. Bei offener Blende wird der Hintergrund extrem unscharf, weil nur der Entfernungsbereich, auf den Sie Ihre Kamera fokussiert haben, in der Schärfeebene liegt.

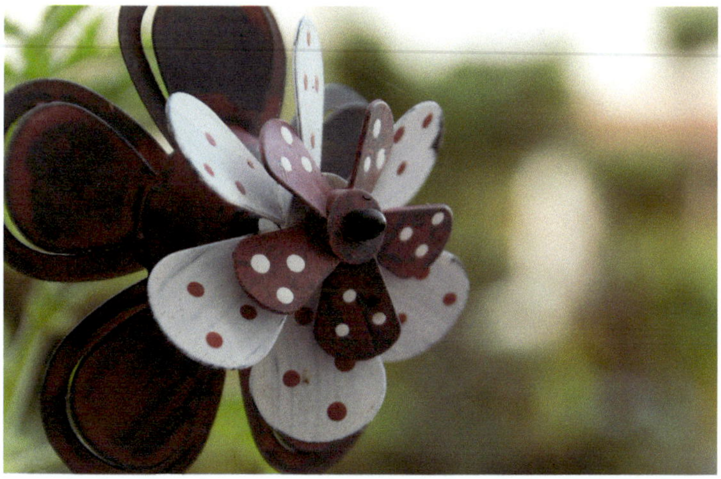

Bild 4.12 Durch die offene Blende wird der Hintergrund unscharf

- Geschlossene Blenden (große Zahl, z. B. f22) bewirken genau das Gegenteil. Sie lassen nur ganz wenig Licht durch und erfordern folglich eine lange Belichtungszeit. Die Schärfeebene dehnt sich jedoch über einen wesentlich größeren Entfernungsbereich aus. Bei unserem Beispiel mit der Blume aus dem letzten Abschnitt würde der Hintergrund also auch mehr oder weniger scharf abgebildet werden.

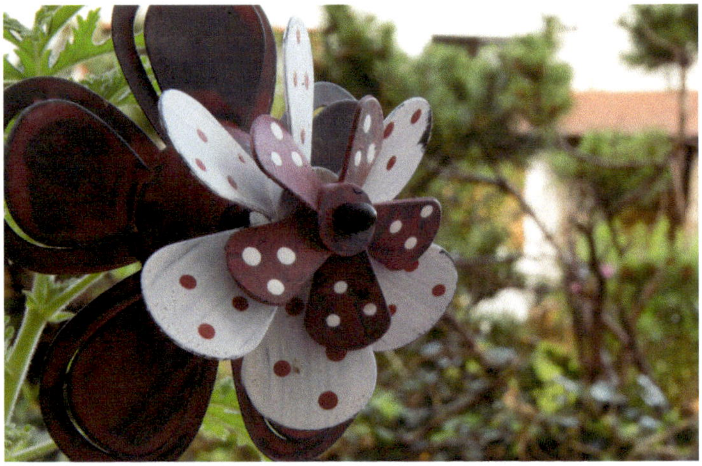

Bild 4.13 Durch die geschlossene Blende wird der Hintergrund relativ scharf

In meinen Fotokursen für Einsteiger haben mir meine Teilnehmer immer wieder berichtet, dass das Experimentieren mit Blende und Verschlusszeiten sehr zeit- und übungsintensiv ist. Die Veränderungen der Werte wirken sich unterschiedlich stark aus, sodass ich Ihnen empfehle, zunächst mit den Motiv- und Automatikprogrammen erste Erfahrungen und Erfolgserlebnisse zu sammeln.

Tipp!

Beobachten Sie einfach die Werte für Blende und Verschlusszeit. Sie werden vor dem Auslösen im Sucher angezeigt. Mit der Zeit stellt sich ein Gefühl für diese Werte ein.

Die Belichtungsautomatik stellt in allen in diesem Buch behandelten Programmen Wertepaare aus Blende und Verschlusszeit ein, die eine relativ korrekte Belichtung Ihres Motivs gewährleisten.

An dieser Stelle kommt von meinen Teilnehmern sehr oft die Frage, was sind denn „gute" oder „gängige" Werte? Die Antwort auf diese Frage stellt den Themenschwerpunkt für eine ganze Reihe von Büchern dar und lässt sich nicht in einem Satz beantworten. Diese Werte beinhalten ein unglaubliches kreatives Potenzial.

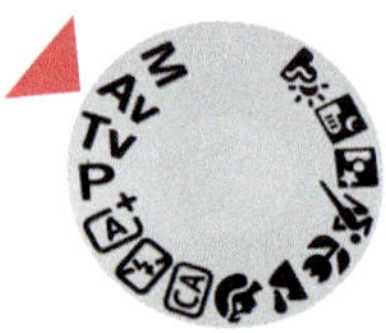

Die dafür benötigten Programme sind die sogenannten Halbautomatiken oder Kreativprogramme wie *A* oder *Av* bzw. *S* oder *Tv* und im komplett manuellen Betrieb das Programm *M*. In den Halbautomatiken wählt der Fotograf einen der beiden Werte aus dem Paar Blende und Verschlusszeit vor und die Kamera sucht die jeweils dazu passende Einstellung für den anderen Wert. Beispielsweise wählen Sie in der Zeitautomatik (*Av*) eine Einstellung für die Blende und die Kamera gibt die passende Verschlusszeit vor. Das folgende Kapitel 5 widmet sich den Programmen.

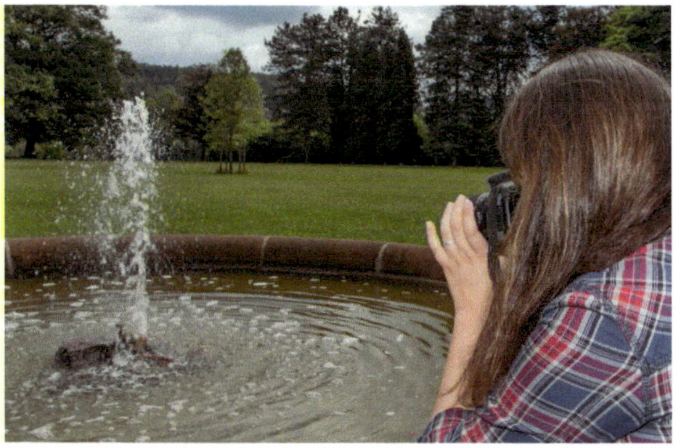

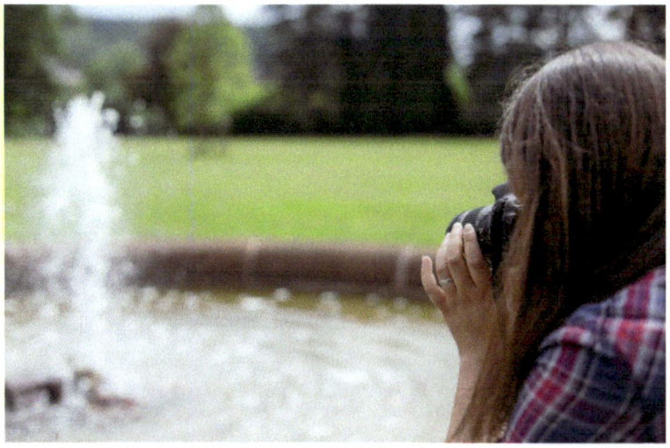

Bild 4.14 Durchgehend scharfes Bild durch geschlossene Blende und daneben ein Bild mit unscharfem Hintergrund durch offene Blende.

4.3 Blitzen

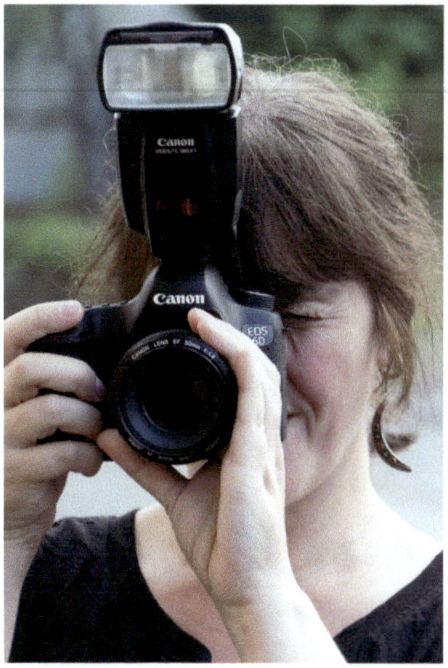

Bild 4.15 Kamera mit Aufsatzblitz

In den meisten Spiegelreflexkameras – vor allem im unteren und mittleren Preissegment sind Blitzgeräte eingebaut. Interne Blitze bieten den großen Vorteil, dass sie immer an Bord und jederzeit zuschaltbar sind.

Bei den Kameras im oberen Preissegment wird oft auf einen internen Blitz verzichtet. Hier gehen die Hersteller wohl davon aus, dass Kunden aus dieser Klasse in der Regel einen Aufsatzblitz bzw. eine Studioblitzanlage besitzen und diese dann auch in Verbindung mit den teuren Modellen benutzen. Die Preisspanne für Aufsatzblitze liegt zwischen 100 € und ca. 600 €.

Für den Einsteiger bieten die eingebauten Blitze jedoch eine Grundausstattung, mit denen bei richtiger Anwendung durchaus gute Ergebnisse zu erzielen sind.

Die Bildwirkung ist mit eingeschaltetem Blitz anders als ohne Blitz. Das Blitzlicht ist normalerweise härter als natürliches Licht, was zu einer klaren Zeichnung von Schatten führt und die Farben wirken oft etwas kälter. Die Entscheidung, mit welchem Licht gearbeitet wird, gehört bei jeder Aufnahme zu den vielen Einflüssen, die das Aussehen und die Wirkung des Bildes entscheidend beeinflussen.

Leitzahl - Reichweite des Blitzes

Die Leistung eines Blitzes wird in der sogenannten Leitzahl angegeben. Je größer die Leitzahl, desto größer ist die Reichweite eines Blitzes. Eingebaute Blitze haben in der Regel eine Leitzahl von ca.13. Das bedeutet, dass Sie mit diesen eine Reichweite von ca. 3 bis maximal 5 Metern erzielen (bei ISO 100). Das ist für ein Porträt einer Einzelperson oder eine Großaufnahme einer Blume durchaus ausreichend. Um einen ganzen Raum zu illuminieren, ist die Lichtmenge jedoch zu gering.

In diesem Fall benötigen Sie einen Aufsteckblitz. Diese Geräte realisieren gegenüber internen Blitzen wesentlich größere Reichweiten. Bei Aufsteckblitzen liegen die Leitzahlen bei 27 – 60. Das bedeutet, dass die Reichweite je nach Investition auf ca. 7-10 m bei Leitzahl 27 oder auf ca. 15-20 m bei Leitzahl 60 erhöht wird.

Wann wird geblitzt?

Diese Frage stellen viele meiner Seminarteilnehmer in den Blitzworkshops. Generell schaltet sich der Blitz in den Motiv- und Automatikprorammen auf jeden Fall dann ein, wenn es zu dunkel ist, um ein verwackelungsfreies Bild zu erhalten. Verwunderung entsteht immer wieder, wenn selbst bei scheinbar hellen Situationen trotzdem geblitzt wird.

Aufhell-Blitzen

Eine ausreichende Lichtmenge bedeutet nicht zwangsläufig, dass Ihr Motiv auch gut zu erkennen ist. Wenn Sie in einer Gegenlichtsituation arbeiten, ist die Umgebung zwar hell, Ihr Motiv wird aber von hinten angeleuchtet und die Rückseite ist nicht auf dem Bild sichtbar. Die Vorderseite liegt im selbst erzeugten Schatten. Jetzt wird der Blitz benötigt, um die dunkle Vorderseite Ihres Hauptmotivs zu erleuchten. Dadurch erhalten Sie ein ausgewogeneres Bild. Automatik.- und Motivprogramm erkennen diese Gegenlichtsituationen sehr oft und schalten dann den Blitz automatisch dazu.

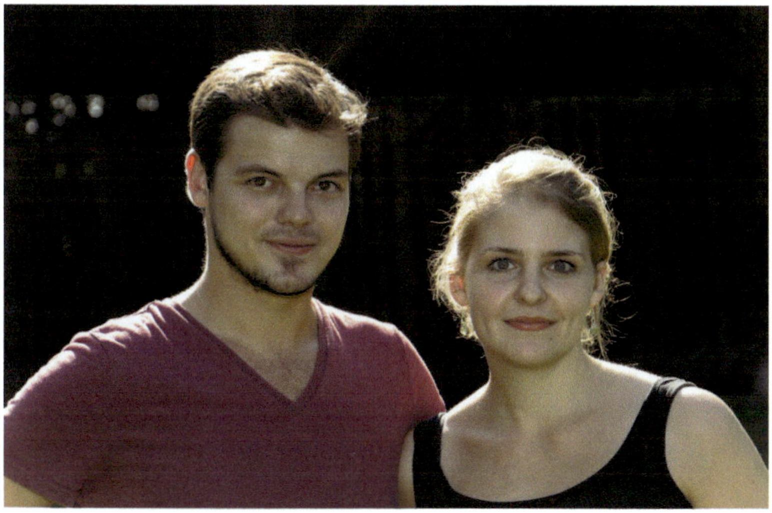

Bild 4.16 Hier wurde das Gegenlicht mit Hilfe des Blitzes ausgeglichen

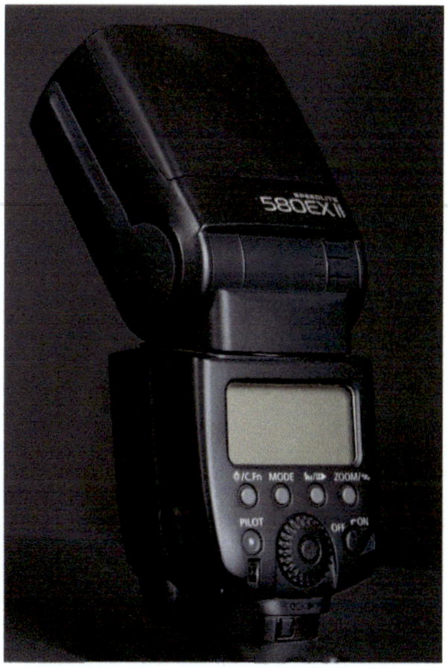

Indirektes Blitzen

Bei Verwendung eines Blitzes fallen oft harte Schatten auf, die durch direktes Blitzen entstehen. Aufsatzblitze bieten die Möglichkeit des Indirekten Blitzens. Durch die Beweglichkeit des Blitzkopfes ist es möglich, diesen in Richtung einer reflektierenden Fläche, wie beispielsweise einer weißen Decke, zu drehen. Das Licht, welches reflektiert wird, ist etwas weicher.

Wann wird nicht geblitzt?

Der Blitz kann sehr oft störende Auswirkungen entweder auf das Bild selbst oder auf die Situation mit sich bringen. An dieser Stelle möchte ich Ihnen einige Situationen schildern, in denen ich vom Einsatz eines Blitzes dringend abrate.

- Angenommen, Sie fotografieren ein Pferd. Hierbei handelt es sich um ein „Fluchttier“! Wenn Sie das Pferd erschrecken, kann das zu unangenehmen Folgen für Sie, Ihre Kamera und andere unbeteiligte Personen führen.
- Ich bin sehr oft als Fotograf in Kirchen bei Hochzeiten im Einsatz. Hierbei versuche ich immer sowohl den Ansprüchen und Erwartungen des Brautpaares als auch der Erwartung der Menschen in der Kirche auf eine schöne stimmungsvolle Feier gerecht zu werden und setze meine Blitze nur sehr gezielt ein. Sollten Sie Gast auf einer solchen Feier sein, so bedenken Sie bitte, dass die Reichweite

Verzichten Sie auf den Blitz, wenn...

Sie das Motiv mit Ihrem Blitz sowieso nicht ausleuchten können

Sie den Ersatzakku vergessen haben und Leistung sparen möchten

für das Bild 3-5 Meter beträgt. Die Reichweite zum Stören der Feierlichkeit umfasst die gesamte Kirche. Wenn Sie in der 10. Reihe einer Kirche sitzen, können Sie also Akkuleistung sparen für die Feierlichkeit hinterher und zu einer gelungenen Feier beitragen.

- Auf wenig Gegenliebe trifft auch ein Anblitzen von Leuten, die gerade etwas vortragen. Oft müssen diese Leute etwas ablesen und hier ist ein Anblitzen sehr unangenehm.

Rote Augen?

Immer wieder tauchen bei Fotos diese störenden roten Augen auf. Der Grund hierfür liegt darin, dass das Auge im Inneren durchblutet ist. Beim Fotografieren mit Blitz wird dieser dunkle Bereich im Inneren des Auges angestrahlt. Das helle Licht des Blitzes, das genau frontal in das Auge trifft, bringt diese Tatsache einfach nur auf das Bild.

Ihre Kamera bietet Ihnen eine Option, um rote Augen zu minimieren bzw. zu eliminieren. Die Funktion zum Unterdrücken der roten Augen läuft nach folgendem Prinzip ab: Zunächst wird ein sogenannter Vorblitz gezündet. Das menschliche Auge reagiert mit einem natürlichen Reflex und die Pupille schließt sich, um die Menge des Lichteinfalls zu reduzieren. Nach dem Vorblitz, wenn die Reaktion des Auges erfolgt ist, wird der wirkliche Blitz gezündet und die Auslösung erfolgt. Dadurch wird der Effekt der roten Augen bekämpft.

Übungen

Übungen mit dem Blitz können Sie auch gerne bei Tageslicht machen. Bedenken Sie, dass die Akkuleistung beim Blitzen wesentlich stärker beansprucht wird als beim Fotografieren ohne Blitz.

- Fotografieren Sie bei Tageslicht in einem Raum so, dass Sie ein Fenster auf dem Bild haben. Machen Sie eine Aufnahme mit und eine Aufnahme ohne Blitz und vergleichen Sie die beiden Bilder.

- Suchen Sie sich eine schöne Blume und erstellen Sie ein Bild mit und ein Bild ohne Blitz.
- Fotografieren Sie in der Nacht in einen Garten hinein. Benutzen Sie die Vollautomatik. Sollte es Probleme mit dem Autofokus geben, so stellen Sie das Objektiv um auf manuellen Fokus. Schauen Sie auf dem Bild, wie weit Ihr Blitz reicht.

Was kann schiefgehen

Beim Blitzen kann es zu vielen Störungen kommen. Hier sind einige mögliche Probleme aufgeführt und mit einem Hinweis versehen, was Sie dagegen tun können.

- Rote Augen. Achten Sie darauf, dass Sie in Ihrer Kamera die „Rote Augen“ Funktion aktiviert haben
- Störende Reflexe: Verändern Sie den Blickwinkel
- Überbelichtungen – Achten Sie darauf, dass keine Gegenstände zwischen Ihrem Hauptmotiv und der Kamera liegen, die reflektieren.
- Die Serienbildfunktion ist sehr langsam. Das lässt sich nicht ändern, der Blitz braucht eine gewisse Zeit, bis er wieder aufgeladen ist.

4.4 Weißabgleich

Das Umgebungslicht hat einen großen Einfluss auf die farbliche Darstellung Ihres Motivs. Wenn Sie einen Menschen bei einem Sonnenuntergang fotografieren, so wird seine Haut einen anderen Farbton haben als in einem Raum mit Neon-Beleuchtung. Ihre Kamera bietet Ihnen die Möglichkeit, die Auswirkungen dieser unterschiedlichen Lichtsituationen auf Ihr Bild zu beeinflussen. Es ist also möglich, den rötlichen Teint einer Frau, die den Sonnenuntergang genießt, durch Weißabgleicheinstellungen zu verändern.

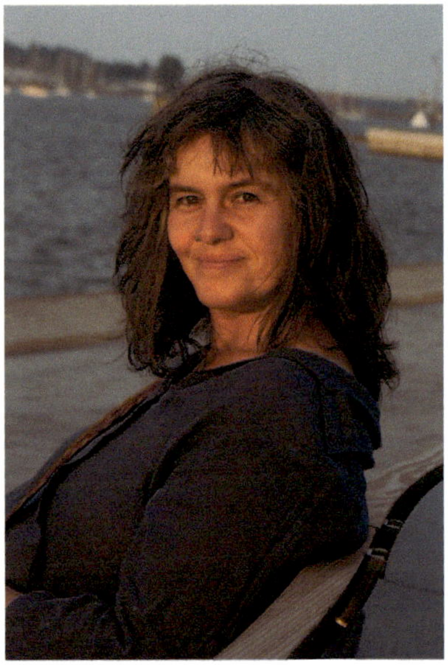

Porträt-Aufnahme im Sonnenuntergang, Weißabgleich automatisch. Der rötliche „Look“ des Bildes könnte über Weißabgleichseinstellungen entfernt werden. Die Frage ist, ob das wirklich gewünscht ist.

Der Weißabgleich läuft nach folgendem Prinzip ab: Die Kamera bietet verschiedene vordefinierte Lichtsituationen an und Sie können von Bild zu Bild festlegen, welche Bedingungen Sie gerade vorfinden. Typische Optionen für den Weißabgleich (im Englischen: White-Balance, deshalb die Tastenbezeichnung „WB“) sind:

- Sonnig
- Wolkig / trüb
- Neon
- Kunstlicht
- Blitz
- Automatisch

Stellen Sie sich vor, Sie fotografieren eine Blume bei wolkigem Himmel. Die Blume wird weniger gelblich wirken als die gleiche Blume im Sonnenlicht. Wenn Sie die Option „wolkig“ wählen, ist die Kamera so programmiert, dass dem Bild etwas gelb zugefügt wird. Wie viel Gelb, entscheidet die Kameraautomatik. Das sorgt dafür, dass das Umgebungslicht und seine Einflüsse auf die Farben des Motivs ausgeglichen werden. Die verschiedenen „Farben“ des Umgebungslichtes werden mit dem Begriff der Farbtemperatur umschrieben. Eine Anpassung der Farbtemperatur entspricht dem Anpassen des Weißabgleichs.

Sollten Sie sich entschließen, bei jedem Foto den Weißabgleich gesondert einzustellen, so gibt es folgendes zu beachten: Wenn Sie wolkig ausgewählt haben und bei Sonne fotografieren, wird Ihr Foto trotzdem mit der Zusatzladung Gelb versehen und es entstehen Bilder mit unnatürlichen Farben.

Wenn Sie den Weißabgleich auf „Automatisch“ stellen, werden Sie im Bereich Landschaftsfotografie oder Porträtfotografie meistens durchaus gute Ergebnisse erzielen, ohne sich in der Aufnahmesituation noch Gedanken über dieses Thema machen zu müssen. Außerdem besteht mit nahezu jeder Bildbearbeitungssoftware sehr einfach und schnell die Möglichkeit, den Weißabgleich nachträglich am Monitor mit Hilfe eines Schiebereglers genau an Ihre Wünsche und Vorstellungen anzupassen.

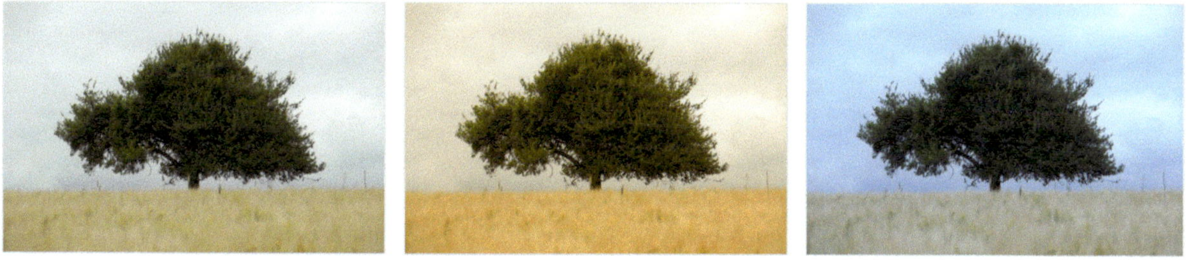

Bild 4.17 Fotos mit Weißabgleich „automatisch"; mit übertrieben korrigiertem Weißabgleich in Richtung „Gelb" und „Blau"

Wählen Sie automatischen Weißabgleich

Tipp!

Der automatische Weißabgleich – einmal eingeschaltet und vorerst nicht mehr geändert – erleichtert es Ihnen, sich während des Fotografierens auf die Dinge zu konzentrieren, die sich hinterher gar nicht mehr oder nur mit großem Aufwand korrigieren lassen, wie z. B. die Wahl des richtigen Messfeldes für den Autofokus oder die Kommunikation mit dem Menschen, den sie vielleicht porträtieren wollen.

Weißabgleich in der Produktfotografie

Besonders wichtig ist der Weißabgleich im Studio, wenn es um Produktfotografie geht. Ich fotografierte kürzlich die gesamte Produktpalette aus dem Weihnachtssortiment einer Großbäckerei. Hier war es wichtig, dass der Puderzucker auf dem Christstollen oder die verwendete Schlagsahne nicht gelbstichig waren. Hierzu wurde mit Hilfe spezieller Messtechnik der Weißabgleich auf den Punkt gebracht. In diesem Buch geht es aber nicht um die Studiofotografie und deshalb rate ich Ihnen, den Weißabgleich auf „automatisch" stehen zu lassen.

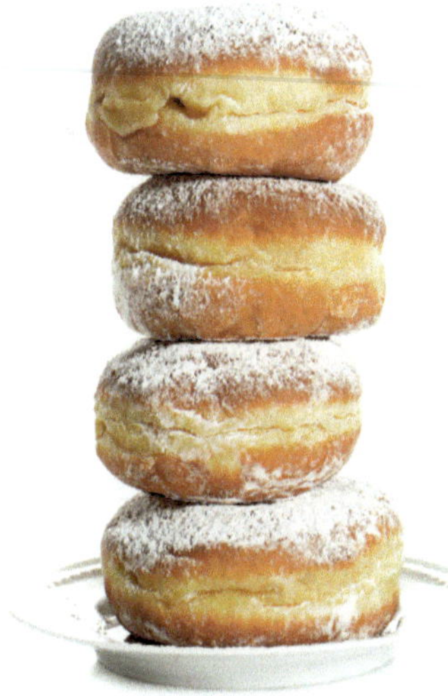

Bild 4.18 Beispiel Produktfotografie

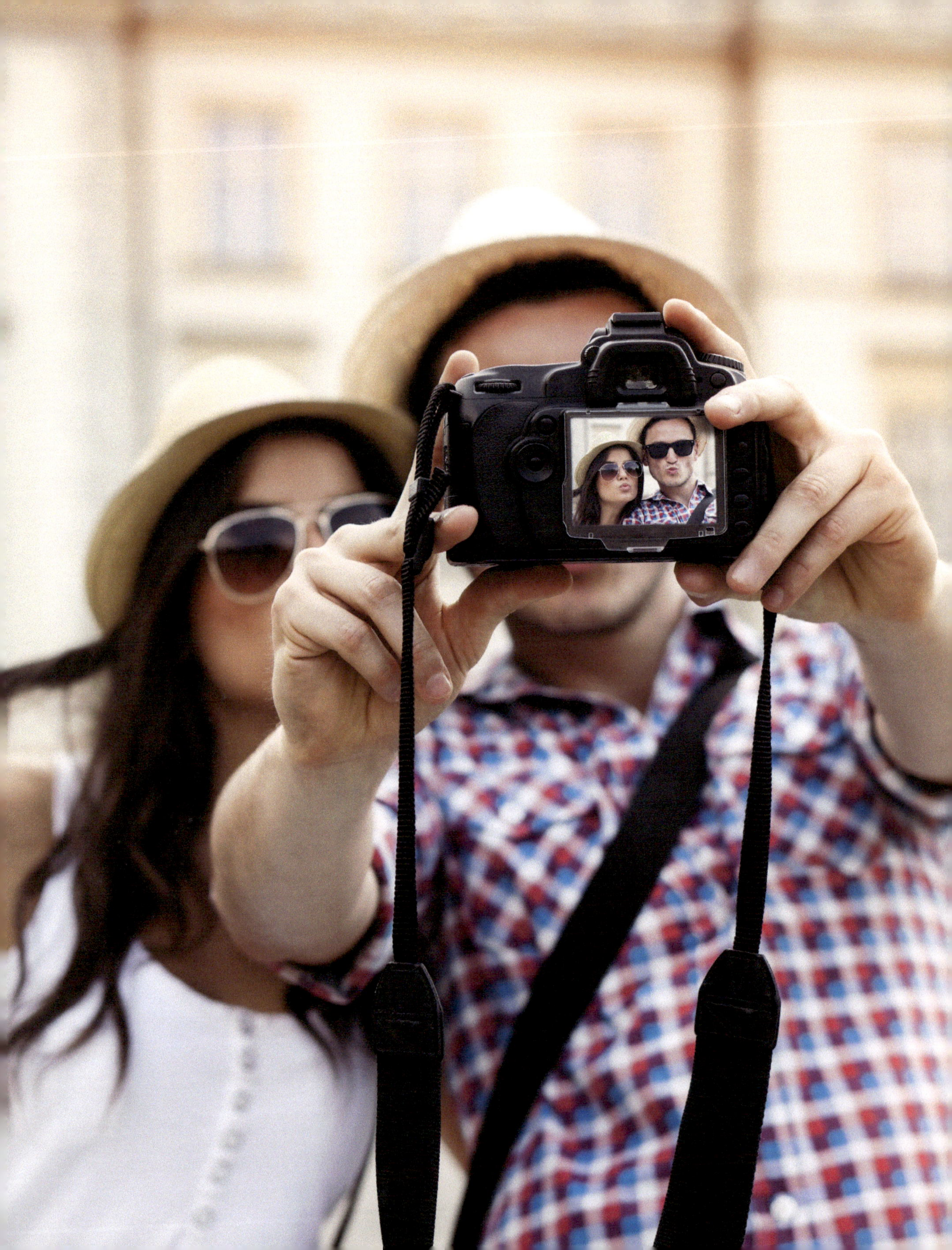

5 Programme

Neben den Automatik-Programmen verfügt Ihre Kamera noch über eine Reihe weiterer Programme, die Ihnen das Fotografieren in bestimmten Situationen durch eine Vorauswahl an Funktionalitäten erleichtern sollen.

Darüberhinaus lassen sich heutzutage mit vielen digitalen Spiegelreflexkameras auch Videos erstellen. Die Qualität, die hier zu erzielen ist – bedingt durch den relativ großen Sensor – ist beachtlich und so werden zahlreiche Video-Produktionen mithilfe von digitalen Spiegelreflexkameras realisiert.

5.1 Programmgruppen

Die Auswahl des passenden Programms ist immer der erste Schritt beim Fotografieren. So treffen Sie schnell die richtigen Voreinstellungen und erhalten Zugriff auf alle benötigten Funktionen. Die Programme lassen sich in 4 Gruppen unterteilen:

- Motivprogramme, die die Kamera so einstellen, dass die Erfolgsaussichten für die gewählte Motivart relativ groß sind. So wird beispielsweise im Sportprogramm bei vielen Modellen die Serienbildfunktion eingeschaltet.
- Automatikprogramme, die bei der Einstellung der Kamera vorrangig die vorhandene Lichtsituation berücksichtigen.
- Kreativprogramme, auch Halbautomatiken genannt, die dem Fotografen die Möglichkeit bieten, durch Vorwahl von Blende oder Verschlusszeit bewusst Einfluss auf die Bildgestaltung zu nehmen.
- Manueller Modus, um die Kamera komplett so einzustellen, wie der Fotograf sich das Bild vorstellt. Mit dieser Einstellung wird u.a. im Studio gearbeitet. Sie erfordert jedoch einen großen Erfahrungsschatz, um Unter- bzw. Überbelichtungen zu vermeiden.

Das Programmwahlrad bietet verschiedene Programme, die die Kamera in unterschiedlichste Betriebsmodi schalten. Dadurch werden Funktionen automatisch aktiviert oder abgeschaltet.

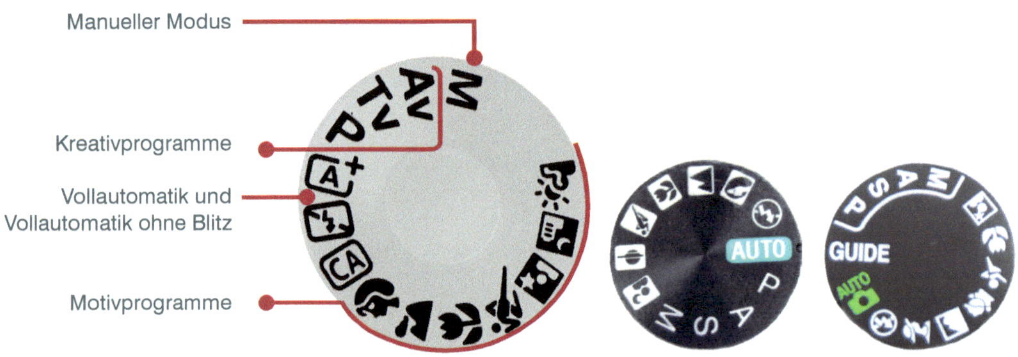

Bild 5.1 Programmwahlräder einer Canon, Sony und Nikon Kamera

Häufig wundern sich Teilnehmer meiner Kurse, warum sich bestimmte Funktionen einfach nicht aufrufen lassen, obwohl die dafür vorhandenen Tasten eindeutig gekennzeichnet und mit Sicherheit auch betätigt worden sind. So ist es z. B. im Programm Vollautomatik nicht möglich, die ISO Einstellung selbst festzulegen. Oft liegt es daran, dass eben diese Funktion nicht zur Verfügung steht. Viele Kameras informieren beim versuchten Aufrufen mit einem entsprechenden Hinweis.

Anders sieht es in den Menüs der Kameras aus. Hier gibt es weniger Optionen und sehr oft keinen Hinweis darauf, dass bestimmte Funktionen in dem aktuellen Programm nicht anwählbar sind. Beispielsweise kann bei Auswahl des Sportprogramms im Kameramenü die Rote-Augen-Reduzierung weder aktiviert noch deaktiviert werden.

Wir werden uns in diesem Buch vordringlich mit den Motiv- und den Automatikprogrammen beschäftigen. Diese bieten bei Ihrem Einstieg in die Welt der Fotografie den Vorteil, dass die Kamera weitestgehend richtig eingestellt ist und Sie sich auf das Motiv und das Setzen des Schärfepunktes an die gewünschte Bildstelle (Autofokus) konzentrieren können.

In den Halbautomatiken, auch Kreativprogramme genannt, gibt es sehr viele Dinge, die von Hand eingestellt werden müssen und dadurch sinkt hier einerseits die Trefferquote und andererseits ist ein sehr viel größeres Theoriewissen erforderlich.

Im Zeitalter der digitalen Fotografie werden oft unglaublich viele Bilder gemacht. Wenn Sie das gleiche Motiv mehrfach mit den gleichen Einstellungen fotografieren, werden die Ergebnisse annähernd gleich sein. Haben Sie jedoch unterschiedliche Kameraeinstellungen verwendet, so entstehen mehrere Variationen und die Aussicht auf einen „Treffer“ ist größer.

Bevor wir uns die Programme im Einzelnen anschauen, möchte ich Sie ermutigen, gleiche Motive mit verschiedenen Programmen „bewusst“ zu fotografieren.

5.2 Automatikprogramme

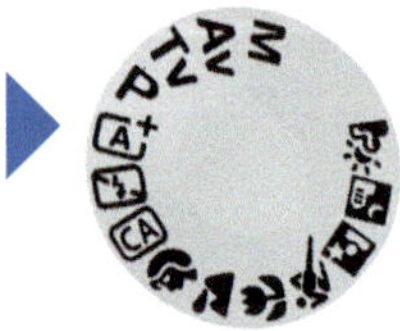

Vollautomatik

Durch die Wahl der Vollautomatik treffen Sie eine Vereinbarung mit der Kamera, die die Aufgaben klar verteilt. Sie wählen den Bildausschnitt und die Kamera übernimmt den Rest, nämlich alle weiteren Einstellungen.

Wie schon erwähnt, sind nicht alle Funktionen verfügbar. Andererseits werden durch die Auswahl der Vollautomatik aber auch automatisch bestimmte Dinge eingeschaltet. So klappt beispielsweise der Blitz automatisch auf, wenn die Kamera ermittelt hat, dass es besser ist, zu blitzen. Der Anwender hat jetzt zwar die Möglichkeit, den Blitz wieder einzuklappen, die Kamera wird jedoch erst auslösen, nachdem sie den Blitz wieder ausgefahren hat. Sie haben im Programm Vollautomatik keine Einflussmöglichkeiten. Sie können jedoch beruhigt sein, es gibt ja auch noch andere Programme…

Bild 5.2 Foto mit der Vollautomatik

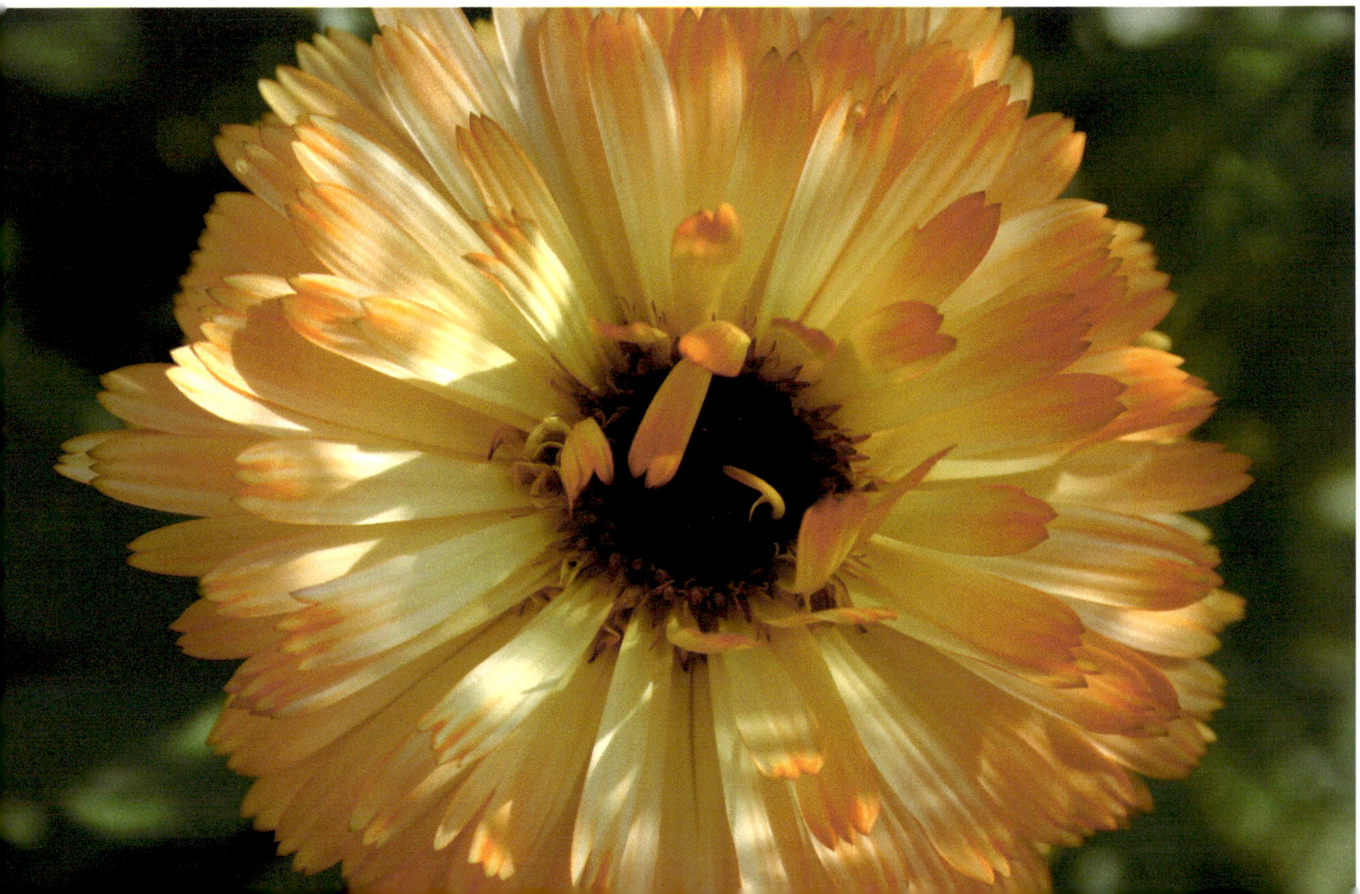

Landläufig herrscht die Meinung, dass eine Spiegelreflexkamera zu schade ist, um sie im Vollautomatikmodus zu betreiben. Das ist insofern richtig, als dass man das kreative Potenzial, das in dem Gerät steckt, verschenkt oder nicht vollständig ausschöpft. Wenn Sie jedoch im Urlaub an einem besonderen Ort sind oder eine besondere Situation festhalten wollen, die vielleicht niemals wiederkehrt, empfehle ich Ihnen, zumindest ein Bild in der Vollautomatik zu machen. Es klingt vielleicht nicht so spektakulär, wenn Sie im Freundeskreis über Ihre Vollautomatik-Schüsse berichten und sich als „Grünknipser" outen, es könnte jedoch sein, dass Sie von jeder Situation zumindest ein Bild haben, was von der Grundeinstellung nicht grundlegend daneben ist. Nachdem das Foto mit der Vollautomatik im Kasten ist, können Sie befreit etwas mit der Kamera spielen und in anderen Programmen zusätzliche Aufnahmen erstellen, sofern die Zeit es zulässt.

Je mehr Sie in die Kamera eingreifen, desto mehr verändern Sie das Bild. Durch die Komplexität der physikalischen Zusammenhänge besteht hier – gerade am Anfang – die Gefahr, eine Kleinigkeit außer Acht zu lassen und „in Schönheit zu sterben" in Form von unscharfen bzw. über- oder unterbelichteten Bildern.

Im Gegensatz zu den Motivprogrammen, denen wir uns auf den folgenden Seiten zuwenden wollen, berücksichtigt die Vollautomatik bei den Einstellungen der Kamera vorwiegend die Lichtsituation unbeachtet des Motivs oder der Szene. Das gibt zwar keine Treffergarantie, die Treffer-Quote ist jedoch meistens recht gut und erhält gerade zu Anfang den Spaß am Fotografieren. Wenn Sie sich an einem schönen Tag mit Ihrer Kamera in die Natur begeben, Ihre Kamera bewusst auf Vollautomatik einstellen und sich auf Motive und den Autofokus konzentrieren, haben Sie gute Aussichten, mit einigen Treffern nach Hause zu kommen.

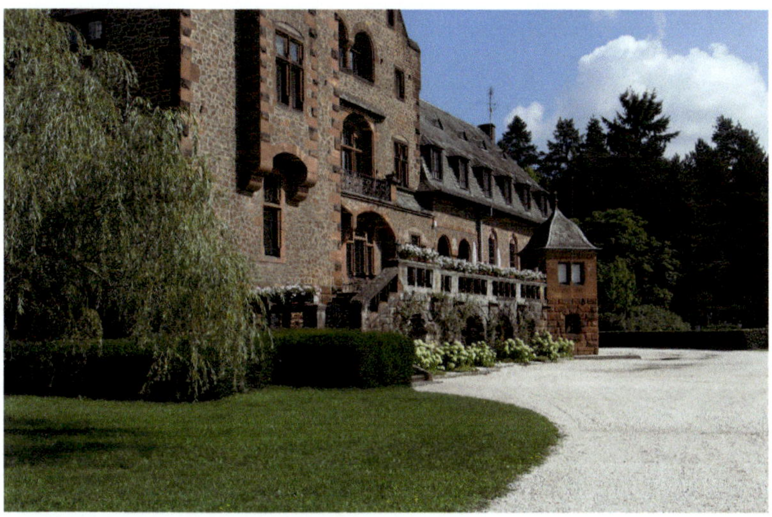

Bild 5.3 Aufnahme mit Vollautomatik beim Spaziergang

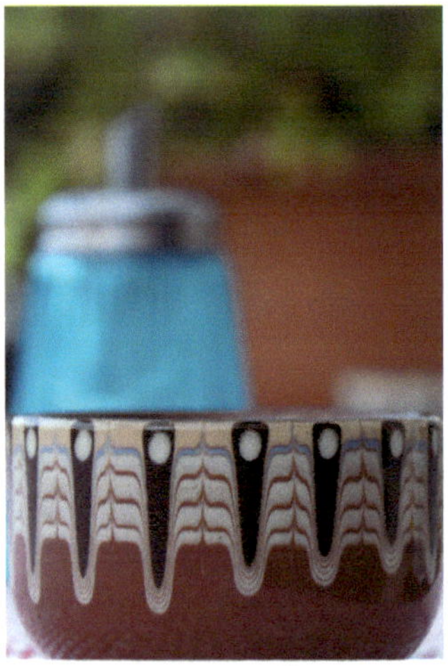

Bild 5.4 Ein einfaches Übungsmotiv: Küchentisch mit Kaffeetassen

Tipp

Unterscheiden Sie *Üben* und *Fotografieren*. Wenn Sie üben, handelt es sich um wiederbringliche Situationen (z. B. Kaffeetasse auf dem Küchentisch). Hier können Sie in aller Ruhe experimentieren und ein Fehlschuss „tut nicht weh". Wenn Sie jedoch im Urlaub oder bei einer Feierlichkeit fotografieren, nutzen Sie die Dinge, bei denen die Erfolgsaussichten am größten sind, um Erfolgserlebnisse zu erzielen.

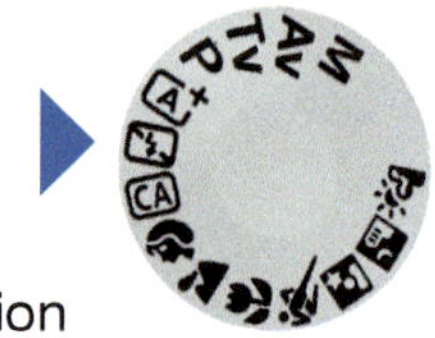

Vollautomatik ohne Blitz

In bestimmten Situationen ist es entweder verboten oder einfach unpassend, die Situation durch Einsatz des Blitzes zu stören. In der klassischen Vollautomatik wird die Entscheidung über den Blitzeinsatz rein auf Basis der Lichtmessung getroffen und der Benutzer hat keine Möglichkeit, den Blitz auszuschalten. In diesem Programm bestimmen Sie, dass der Blitz deaktiviert ist und sorgen dafür, dass Sie keine störenden Blitze verursachen.

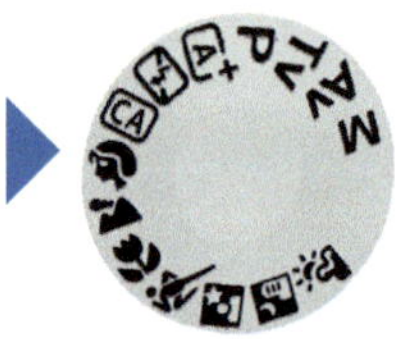

5.3 Motivprogramme

Porträtprogramm

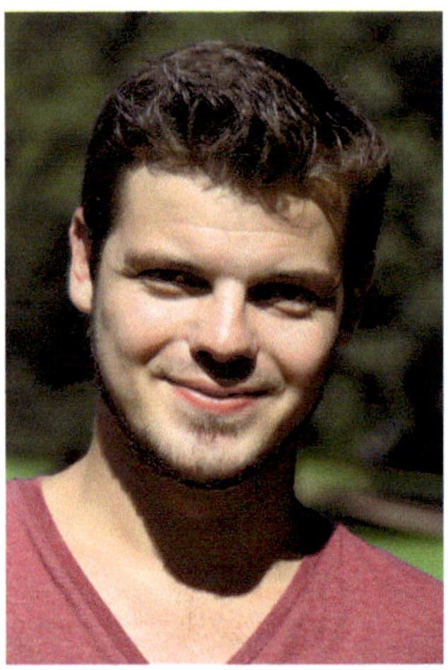

Bild 5.5 Dieses Foto wurde mit dem Porträtprogramm erstellt

Bei der Porträtfotografie geht es meistens darum, eine Person innerhalb einer Szene zu zeigen oder zu präsentieren. Hierbei spielt die Komposition aus Hauptmotiv und Hintergrund eine große Rolle für die Wirkung des Bildes.

Sehr häufig ist es das Ziel, die Person scharf abzubilden und den Hintergrund durch Unschärfe in der Bildgewichtung etwas zurückzunehmen. In dem Porträtprogramm werden kameraseitig zunächst die Belichtungseinstellungen auf eine Art und Weise reguliert, die durch eine möglichst offene Blende einen möglichst unscharfen Hintergrund erzeugen. Sie brauchen sich hier nicht mit Zahlen zu beschäftigen, die Kamera regelt das automatisch für Sie.

Sie können die Unschärfe des Hintergrundes noch verstärken, indem Sie heran zoomen und den Menschen, den Sie porträtieren möchten, möglichst weit vom Hintergrund entfernen.

Vielleicht haben Sie schon einmal einen Fotografen gesehen, der ein Model mit „Dauerfeuer" fotografiert hat. Diese schnelle Serienbildaufnahmetechnik ermöglicht es, einzelne Impressionen aus Bewegungen und Posen des Models festzuhalten. Die Kamera löst solange aus, wie Sie den Finger auf dem Auslöser halten oder bis der Zwischenspeicher voll ist. Im Porträtprogramm schalten viele Kameras die Serienbildaufnahme automatisch ein. Diese funktioniert jedoch nicht oder nur sehr langsam, wenn der Blitz dazu geschaltet wird. Dieser benötigt nach jeder Aufnahme zuerst wieder eine gewisse Zeit, bis er aufgeladen und zum erneuten Abschuss bereit ist.

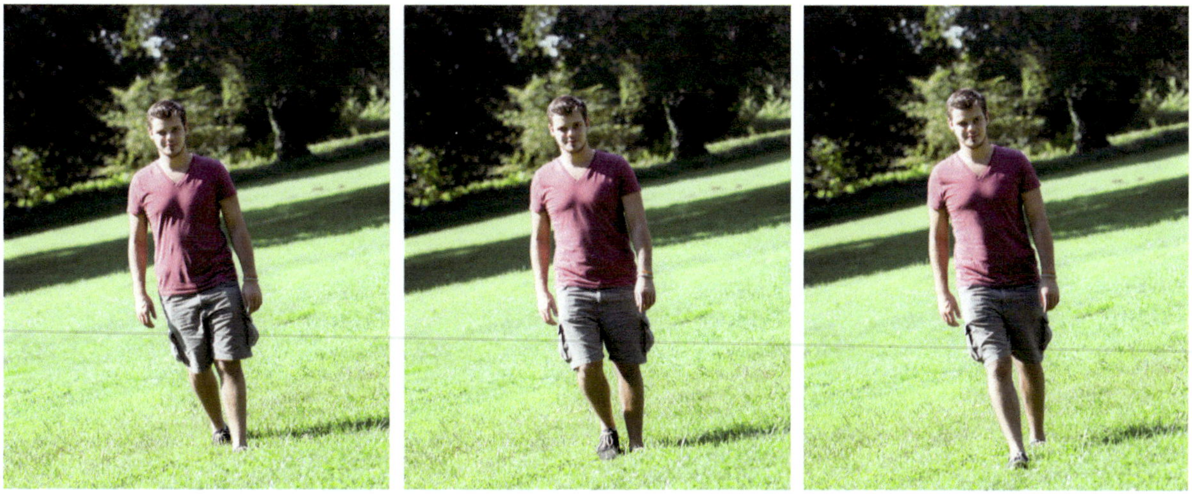

Bild 5.6 Porträtserie mit der Serienbildfunktion

Nachtporträt

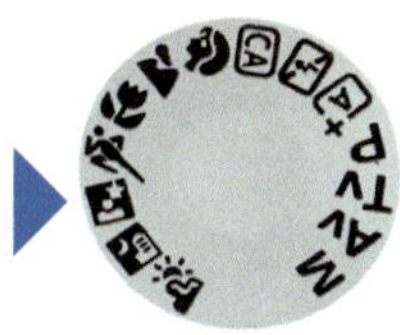

Beim Nachtporträt finden Sie eine Lichtsituation vor, die sehr schwierig ist, um Menschen zu fotografieren. Generell werden Nachtaufnahmen mit sehr langen Belichtungszeiten realisiert. Das führt jedoch bei Menschen zu Bewegungsunschärfen, die der Wirkung des Bildes nicht immer förderlich sind.

Ihre Kamera wendet in diesem Programm einen fotografischen „Trick" an, um einen sinnvollen Kompromiss aus Langzeitbelichtung für den Hintergrund und kurzer Belichtung für bewegliche Motive wie Menschen zu finden.

Die Kamera wird den Blitz einschalten und damit die ersten 3-4 Meter erleuchten und durch die kurze Blitzzeit ein relativ scharfes Bild der Person aufzeichnen.

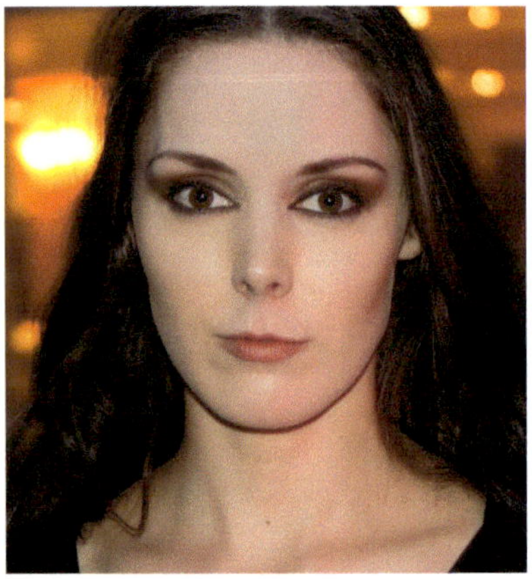

Bild 5.7 Nachtporträt mit dem gleichnamigen Programm

Der Verschluss der Kamera bleibt aber länger geöffnet, um auch die dunkleren Bereiche im Hintergrund noch ausreichend zu belichten. Wenn Sie die Kamera auf ein Stativ stellen, werden Sie hier trotz der schwierigen Lichtsituation zufriedenstellende Ergebnisse erzielen.

Wichtig ist bei der Auswahl Ihrer Szene, dass der Mensch nicht weiter als 3-5 Meter von der Kamera entfernt steht und dass der Hintergrund am besten deutlich weiter von Ihrer Kamera entfernt ist als Ihr Hauptmotiv.

Achten Sie unbedingt darauf, dass sich der Autofokuspunkt, der rot aufleuchtet, auf dem zu porträtierenden Menschen befindet, um eine Fehlbelichtung zu vermeiden.

Landschaftsprogramm

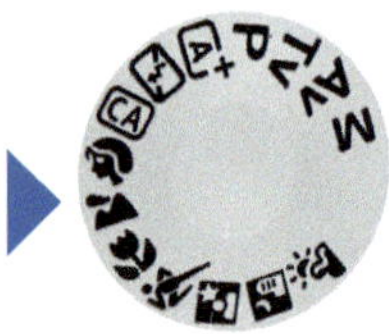

Das Motivprogramm Landschaft stellt Ihre Kamera auf typische Aufnahmen von Landschaften ein. Hier geht es meistens darum, einen großen Bereich scharf abzubilden. Wenn Sie einen Strand fotografieren möchten, so ist dieser in der Regel viele Meter lang und das Meer soll auf dem Foto nachher auch noch scharf abgebildet und gut erkennbar sein.

Die internen Algorithmen setzen das um, indem sie beispielsweise die Blende relativ weit schließen. Dadurch ist der Schärfebereich (auch Schärfentiefe genannt) relativ groß. Das können Sie noch verstärken, indem Sie an Ihrem Objektiv eine Weitwinkeleinstellung wählen. Dadurch haben Sie einerseits einen großen Blickwinkel und einen großen Motivbereich im Bild, andererseits unterstützt die Weitwinkeleinstellung die große Ausdehnung der Schärfentiefe in Ihrer Aufnahme.

Der Blitz ist in diesem Programm ausgeschaltet. Die Leistung eines Blitzes ist bei weitem nicht ausreichend, den ganzen Strand oder eine komplette Bergkette zu beleuchten.

Aufgrund der Tatsache, dass im Landschaftsprogramm der Blitz ausgeschaltet ist, eignet es sich auch, um Nachtaufnamen (außer Nachtporträts) zu erstellen. Hierbei sollten Sie die Kamera auf ein Stativ stellen, um eine längere Belichtungszeit ohne Verwackeln zu ermöglichen.

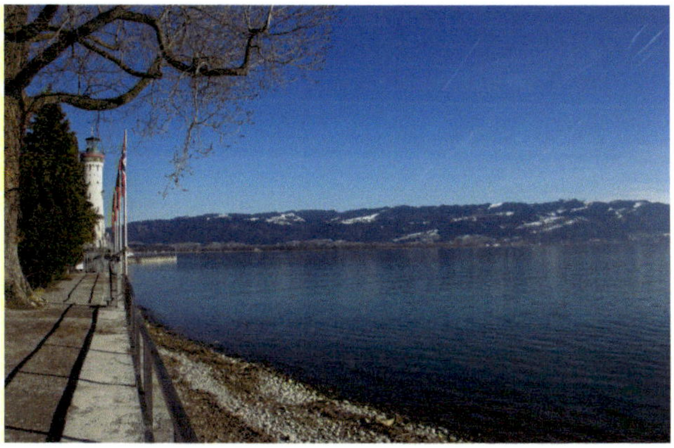

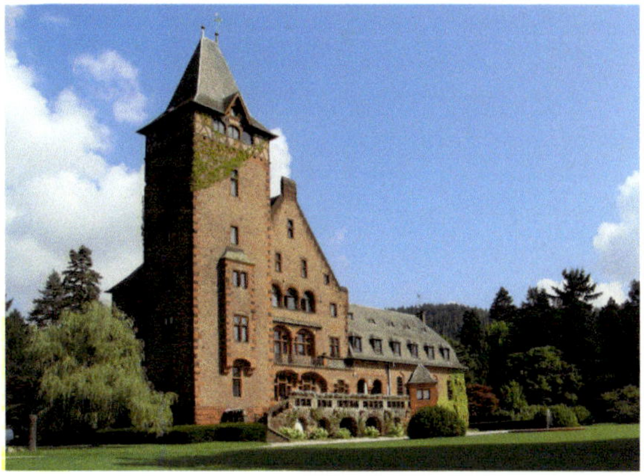

Bild 5.8 Aufnahmen mit dem Landschaftsprogramm

Sportprogramm

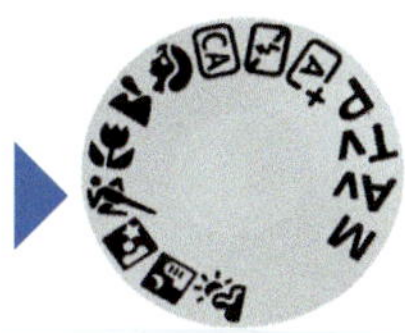

Das Sportprogramm ist darauf ausgelegt, Motive, die in Bewegung sind, zu fotografieren. Das muss nicht der 100m-Läufer oder der Profi-Fußballer sein. Situationen, in denen das Sportprogramm benutzt werden kann, finden sich auch im Alltag!

Sollen schnelle und unvorhersehbare Bewegungen eingefangen werden, wie z. B. Ihre Kinder beim Spielen oder Ihr Hund bei einem Spaziergang, dann verwenden Sie das Sportprogramm. Es ist darauf ausgelegt, Bewegungen festzuhalten. Kameratechnisch sind je nach Modell in diesem Modus Funktionen vorgesehen, die bei der Sportfotografie sinnvoll sind.

Der Autofokus ist so eingestellt, dass er das Motiv verfolgt. Das gibt Ihnen die Möglichkeit, jederzeit bei gehaltenem Auslöser bereit zu sein, diesen durchzudrücken und ein Foto aufzunehmen. Das ist vor allem dann wichtig, wenn das Motiv sich in Ihre Richtung oder von Ihnen weg bewegt. Das Auslöseverhalten der Kamera ist so eingestellt, dass die Serienbildfunktion aktiviert ist. Sie brauchen den Knopf nur durchzudrücken und die Kamera schießt so lange Bilder, bis der Zwischenspeicher voll ist oder Sie den Finger vom Auslöser nehmen. So können Sie Bewegungen in Einzelbildern festhalten.

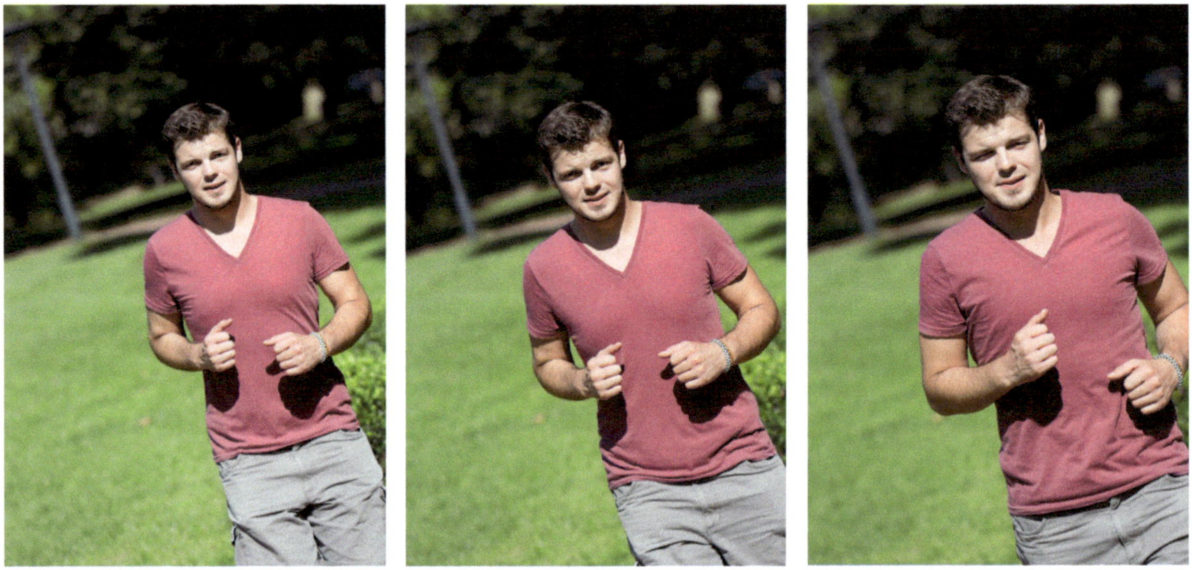

Bild 5.9 Aufnahme mit dem Sportprogramm

Der Blitz ist im Sportmodus ausgeschaltet. Das hat zweierlei Gründe: Zunächst braucht der Blitz nach der Auslösung wieder eine gewisse Zeit, bis er wieder aufgeladen und zur Auslösung bereit ist. Das verträgt sich nicht mit der oben erwähnten Einstellung der Serienaufnahme. Ein zweiter Grund ist die Tatsache, dass die Reichweite des Blitzes für Sportaufnahmen nicht ausreicht.

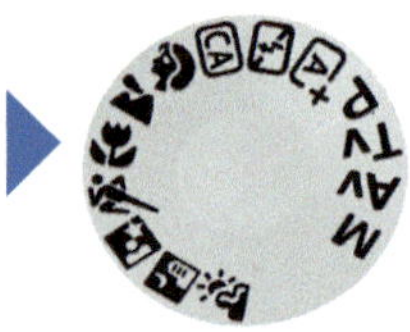

Nahaufnahmen

Bei Nahaufnahmen ist, wie auch im Kapitel Makroobjektive beschrieben, zunächst darauf zu achten, dass der Mindestabstand des Objektives nicht unterschritten wird. Sollte das der Fall sein, so wird keine erfolgreiche Fokussierung erfolgen können und es wird nicht scharfgestellt. Der Mindestabstand ist oft auf dem Objektiv angegeben, gekennzeichnet durch eine Blume oder durch den Begriff „Makro".

Der Blitz wird in dieser Betriebsart je nach Bedarf hinzu geschaltet. Hier ist folgendes zu beachten: Wenn das Objektiv sehr nah am Objekt ist, wirft es selbst einen Schatten, weil das Blitzlicht von der Objektivkante abgehalten wird. Sie sollten bei Verwendung des eingebauten Blitzes auf jeden Fall dafür sorgen, dass die Sonnenblende vom Objektiv entfernt ist.

Um eine große Abbildung Ihres Motivs zu erzielen nutzen Sie idealerweise die Teleeinstellung Ihres Objektives, zoomen also nah heran. Dadurch wird der Abbildungsmaßstab größer.

Sofern vorhanden, sollten Sie ein Stativ verwenden. Das hat mehrere Vorteile. Neben der Standfestigkeit und der daraus resultierenden längeren Verschlusszeit ohne zu verwackeln, können Sie auch sehr exakt den Bildausschnitt bestimmen. Nach der Kontrolle am Kameradisplay haben Sie auch die Möglichkeit, kleine Veränderungen sehr präzise vorzunehmen.

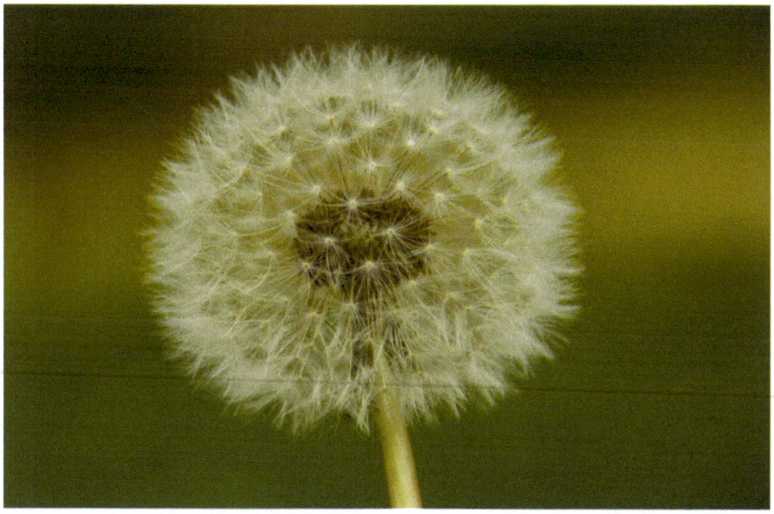

Bild 5.10 Nahaufnahme

5.4 Die Programmautomatik

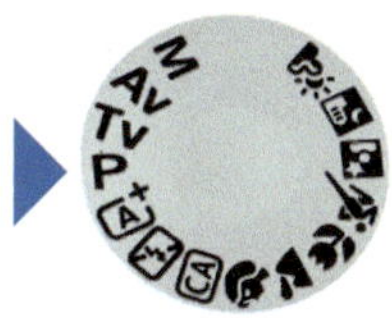

In allen vorher beschriebenen Programmen ist die Kamera nahezu vollkommen Herr über alle Einstellungen und der Benutzer hat nur wenige Möglichkeiten, einzugreifen. Hier unterscheidet sich die Programmautomatik (P) deutlich. Sie bietet dem Fotografen die Möglichkeit, einige „Stellschrauben" zu betätigen und das Bild zu beeinflussen, ohne die Einstellung der Belichtung im Gesamtergebnis zu verändern. Nachdem Sie erste Versuche mit den Motivprogrammen und bestimmt auch erste Erfolgserlebnisse erzielt haben, wollen wir uns jetzt ansehen, an welchen Stellen Sie in der Programmautomatik eingreifen können.

Die Ergonomie Ihrer Kamera ist so abgestimmt, dass Sie viele der im Folgenden genannten Funktionen ein- und ausschalten können, ohne die Kamera vom Auge wegnehmen zu müssen. Das ermöglicht Ihnen, Ihr Motiv ständig durch den Sucher zu verfolgen, um jederzeit bereit zu sein.

Blitz

Der Blitz wird in der Programmautomatik nicht automatisch zugeschaltet. Wenn Sie der Meinung sind, es soll geblitzt werden, so schalten Sie den Blitz zu. Das passiert in der Regel mit einer Taste am Objektivansatz, sodass Sie diese mit der linken Hand jederzeit, ohne die Kamera vom Auge abzusetzen, erreichen können. Der Blitz wird ausgeschaltet, indem er einfach zugeklappt wird.

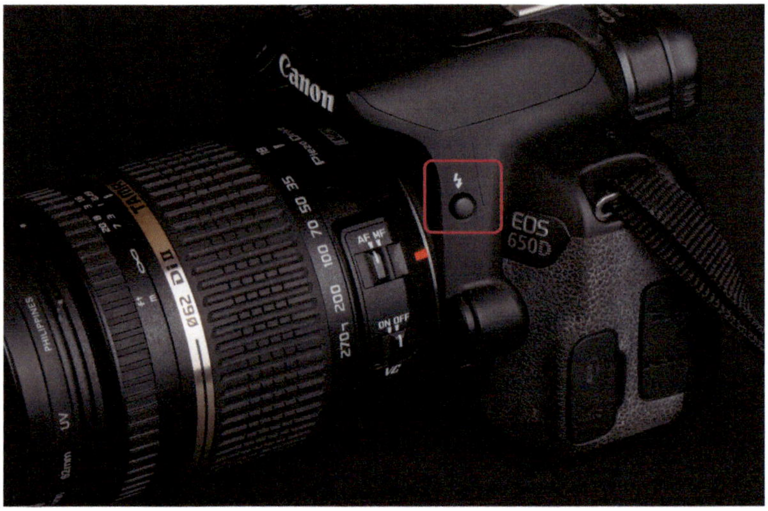

Bild 5.11 Hier wird der Blitz manuell per Knopf zugeschaltet

Die Programmautomatik erkennt, ob Sie den Blitz ein- oder ausgeschaltet haben und verändert die Belichtungseinstellungen entsprechend Ihrer Vorgabe.

Achtung!

Manche Kameras geben keinen Hinweis darauf, dass der Blitz notwendig wäre. Dadurch belichtet die Kamera zulange und es entstehen unscharfe Bilder. Sollten Sie dieses Phänomen beobachten, so schalten Sie den Blitz hinzu.

Auswahl des Autofokus Messfeldes

In den Automatik- und Motivprogrammen funktioniert der Autofokus – wie bereits beschrieben – nach folgendem Schema:

1 Der Auslöser wird halb durchgedrückt
2 Die Kamera sucht nach Kontrasten
3 Eines oder mehrere der Messfelder leuchten auf
4 Der Fotograf entscheidet, ob der Vorschlag OK ist und drückt durch oder lässt los und erwartet einen anderen Vorschlag

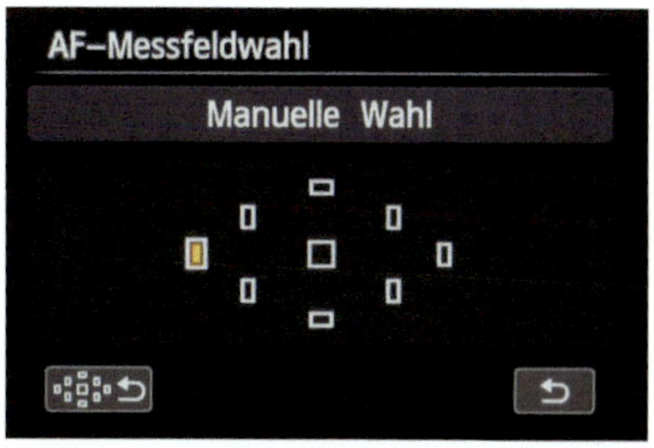

Bild 5.12 Manuelle Einstellung des Messfeldes

Diese Herangehensweise ist oft praktisch, kann jedoch in bestimmten Situationen dazu führen, dass die Kamera entweder nicht die richtigen Bereiche scharf stellt oder durch die mehrfache Betätigung zu viel Zeit verloren geht und die Situation vorüber ist.

In der Programmautomatik bietet Ihre Kamera Ihnen die Möglichkeit, bereits vor der ersten Betätigung des Auslösers festzulegen, welcher Motivbereich scharf abgebildet werden soll.

Angenommen eine Person, die das Hauptmotiv darstellt, befindet sich weit links im Bild. In der Bildmitte befinden sich viele kontrastreiche Gegenstände. In dieser Situation wird die Vollautomatik Ihnen vorschlagen, auf die Bildmitte scharfzustellen. Haben Sie jedoch der Kamera vorher „gesagt“, nur das linke Messfeld soll verwendet werden, so wird die Bildmitte außer Acht gelassen und Ihre Person wird als Hauptmotiv erkannt, obwohl sie sich nicht in der Bildmitte befindet.

An Ihrer Kamera befindet sich auf der Rückseite, meist rechts neben dem Display, eine Taste zur Vorwahl des Messfeldes. Nachdem Sie diese gedrückt haben, können Sie mit dem Wählrad einstellen, welches Messfeld aktiv sein soll. Nachdem Sie alle Messfelder durchgewählt haben, leuchten wieder alle auf. Das zeigt Ihnen an, dass die Kamera jetzt wieder automatisch Vorschläge unterbreitet.

Fazit

Die Programmautomatik bietet Ihnen an verschiedenen Stellen Eingriffsmöglichkeiten an, die Sie in den Vollautomatik- und Motivprogrammen nicht zur Verfügung haben. In dieser Betriebsart können Sie sehr viel experimentieren. Denken Sie jedoch daran, bei besonderen Situationen auch mindestens eine Aufnahme in der Vollautomatik anzufertigen.

5.5 Video mit der Spiegelreflexkamera

Aus der Kombination von Foto- und Videokamera ergeben sich zum Teil Probleme, die aus dieser Hyprid-Lösung resultieren:

- Jede auch noch so günstige Videokamera ist in der Lage, den Autofokus ständig anzupassen. Wenn Sie also Ihre Tochter filmen, während sie freudestrahlend auf Sie zu läuft, erwarten Sie, dass die Bildschärfe nachgeführt wird. Das geschieht bei einer Fotokamera, die eigentlich eher mit einem statischen Autofokus arbeitet, keineswegs selbstverständlich. So ist es zu erklären, dass manche Modelle das gar nicht können, einige andere sich damit schwer tun.
- Bei der Video-Aufzeichnung spielt natürlich im Gegensatz zu den Bildern der Ton eine zentrale Rolle. Ein klassisches Foto-Objektiv soll schnell scharfstellen. Wie laut es dabei ist, ist dem Fotografen mehr oder weniger egal. Der Video-Film nimmt aber das Pumpen und Kämpfen der Objektive, die akustisch auch noch mit dem Gehäuse verbunden sind, deutlich wahr und es entstehen störende Nebengeräusche. Bei der Audio-Aufnahme können viele Modelle auch nur auf ein Mono-Mikrofon zurückgreifen. Einige bieten aber einen Anschluss für externe Video-Mikrofone.

Folglich war und ist die Industrie gefragt, die beiden Probleme ständige Autofokusnachführung und Geräuschentwicklung zu bekämpfen. Bei neueren Modellen - in Kombination mit dafür ausgelegten Objektiven - werden hier bereits gute bis sehr gute Ergebnisse erzielt.

begrenzte Aufnahmedauer - großer Energiebedarf

Ärgerlich ist für viele Anwender, dass die maximale Aufnahmedauer sehr oft auf 29 Minuten begrenzt ist. Das bedeutet, dass die Kameras eine echte Schwachstelle bieten, wenn Sie beispielsweise Ihre Hochzeitsmesse, die Taufe Ihres Kindes oder eine Aufführung aufnehmen möchten. Bei der Laufzeit der Kamera im Video-Modus werden Sie schnell feststellen, dass die Akku-Laufzeit deutlich nachlässt. Sorgen Sie also für Energie-Nachschub, sonst ist die Folge: Kein Bild – kein Ton.

Bedenkt man, dass ein Video-Film aus 24-30 Bildern pro Sekunde zuzüglich Tonspur besteht, wird schnell klar, dass der Speicherplatzbedarf bei Filmaufnahmen enorm groß ist. In Full-HD Auflösung besteht ein Bild aus 1920 x 1080 Bildpunkten. Auf einer Speicherkarte mit 4 GB stehen Ihnen bei diesen Einstellungen ca. 12 Minuten Aufnahmekapazität zur Verfügung.

Schärfebereich festlegen

Die Definition des Bereiches in Ihrem Video, auf den scharfgestellt werden soll, funktioniert meist über das Display. Sofern es sich um einen Touch-Screen handelt, brauchen Sie der Kamera nur durch Antippen zu sagen, wo der Schärfepunkt liegen soll.

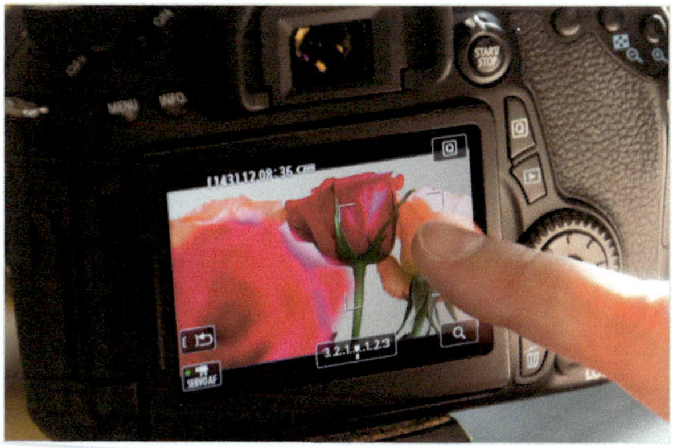

Bild 5.13 Antippen des Displays, um Fokus festzulegen

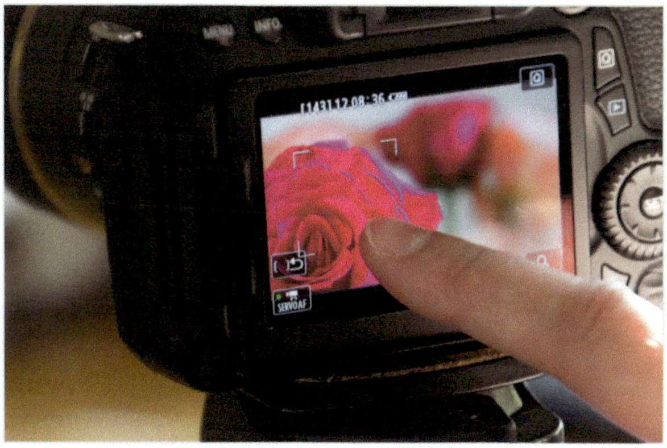

Bild 5.14 Veränderung des Fokuspunkts während der Aufnahme. Es entsteht eine weiche Überblendung

Stabilisierung der Kamera

Ein weiteres großes Thema im Bereich Video ist die Stabilisierung beim Filmen aus der Hand. Achten Sie darauf, dass an Ihrem Objektiv der Stabilisator eingeschaltet ist, sofern die Kamera nicht auf einem Stativ steht.

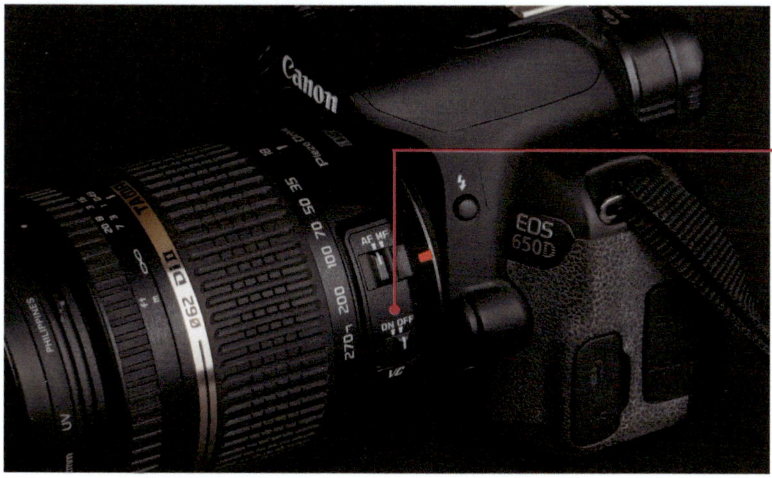

Kamera mit ausgeschaltetem Stabilisator

Bild 5.15 Der Stabilisator ist beim Filmen aus der Hand sehr wichtig.

Videos organisieren und nachbearbeiten

Die Weiterverarbeitung, Verwaltung und Archivierung von Video-Dateien ist wesentlich aufwendiger als bei Fotos. Zunächst sind die Datenmengen wesentlich größer und die Rechenleistung Ihres Computers wird stark beansprucht. Kalkulieren Sie also einen größeren Zeitaufwand ein. Der Zeitaufwand wird richtig groß, wenn es um das Sichten des Materials und die Weiterverarbeitung geht. Haben Sie ein Foto in wenigen Sekunden intensiv betrachtet, so dauert das bei Videos sehr viel länger aufgrund der Spieldauer.

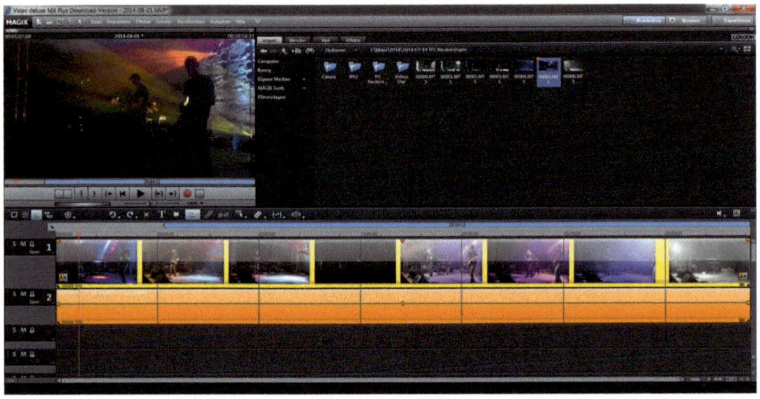

Bild 5.16 Screenshot einer verbreiteten Software für Videonachbearbeitung

Störende Nebengeräusche werden im Foto einfach nicht erfasst. Bei einer Videonachbearbeitung müssen diese durch Nachvertonung bekämpft werden. Es handelt sich bei der Videonachbearbeitung – auch Post-Produktion genannt, um ein großes Gebiet mit einer Menge Möglichkeiten, verbunden mit einem enorm großen Zeitaufwand.

Fazit

Wenn Sie beabsichtigen, auch im Video-Bereich aktiv zu werden, so sollten Sie am besten vor dem Kauf herausfinden, ob die oben genannten Funktionen, bei dem von Ihnen gewünschten Modell sowohl kamera- als auch objektivseitig vorhanden sind.

5.6 Übungen

Den Autofokus haben Sie ja bereits kennengelernt. Verbinden Sie dieses Wissen mit den neu erworbenen Informationen zu den einzelnen Programmen Ihrer Kamera.

- Versuchen Sie 5 unterschiedliche Motive in Ihrer Umgebung zu fotografieren. Achten Sie dabei auf das Autofokusmessfeld. Fotografieren Sie diese Motive mit der Vollautomatik und anschließend mit der Vollautomatik ohne Blitz, Vergleichen Sie die Unterschiede im Bildrauschen und in der Bildwirkung.
- Fotografieren Sie einen Menschen oder ein Tier mehrfach. Eine erste Serie erstellen Sie mit der Vollautomatik, eine zweite Serie mit dem Porträtprogramm.
- Fotografieren Sie einen Menschen oder ein Tier in Bewegung. Benutzen Sie die Vollautomatik, das Porträt-Programm und das Sportprogramm.
- Suchen Sie sich eine schöne Blume und versuchen Sie diese so nah wie möglich zu fotografieren. Wechseln sie dabei die Perspektive und erstellen Sie eine Serie in der Vollautomatik und eine Serie mit dem Programm für Nahaufnahmen.
- Platzieren Sie eine Tasse auf einem Tisch. Schalten Sie das Programm „P“ (Programmautomatik) ein. Wählen Sie den Bildausschnitt so, dass die Kaffeetasse sich rechts im Bild befindet. Wählen Sie manuell aus, dass nur das rechte Messfeld für den Autofokus aktiv ist. Achten Sie darauf, dass das Bild nicht verwackelt wird, indem Sie den Blitz zuschalten.

Übungen zum Arbeiten mit dem Videoprogramm:

- Erstellen Sie ein Video und testen Sie, ob Ihre Kamera, sich bewegende Gegenstände verfolgt.
- Versuchen Sie, aus der Hand einen kleinen Film zu erstellen und beurteilen Sie die Qualitäten Ihres Stabilisators.
- Platzieren Sie die Kamera auf einem festen Untergrund – sofern vorhanden - am besten auf einem Stativ und versuchen Sie, während der Aufnahme den Schärfepunkt durch Antippen auf dem Touchscreen zu verändern.

5.7 Was kann schiefgehen

Wir haben jetzt bereits Übungen mit mehreren Schwerpunkten. Der Autofokus ist zu beachten und die Besonderheiten der einzelnen Programme:

- Das Bild kann verwackelt sein – vor allem im Programm „P". Wenn es zu dunkel ist, bleibt der Verschluss zu lange offen und die Verwackelungen sind im Bild sichtbar. Um das zu verhindern, schalten Sie entweder den Blitz dazu, stellen die Kamera auf ein Stativ oder erhöhen die ISO-Zahl.
- Nachdem Sie der Kamera vorgegeben haben, nur das rechte Autofokusfeld zu benutzen, wird nicht mehr in der Bildmitte scharfgestellt. Aktivieren Sie erneut die Vorwahl des Autofokusfeldes und schalten Sie solange durch, bis alle Felder aufleuchten.
- Bei reflektierenden Flächen kann der Blitz störende Reflexionen bewirken. Schalten Sie den Blitz aus oder verändern Sie Ihre Position und Ihren Blickwinkel.
- Bei Nachtporträts ist das Bild unscharf. Sorgen Sie dafür, dass die Kamera auf einem Stativ steht.

Aufgrund der hohen technischen Anforderung an Ihre Geräte kann es möglich sein, dass die eine oder andere Video-Funktion nicht unterstützt wird. Hier müssen Sie in Ihrem Handbuch nachschlagen.

- Der Autofokus führt nicht nach bei sich bewegenden Objekten. Prüfen Sie, ob sowohl Ihr Objektiv als auch Ihre Kamera das unterstützen. Sorgen Sie dafür, dass die Nachführung am Gerät auch eingeschaltet ist.
- Ihre Aufnahme aus der Hand ist sehr unruhig. Ihr Stabilisator ist ausgeschaltet oder Ihr Objektiv hat keinen Stbilisator

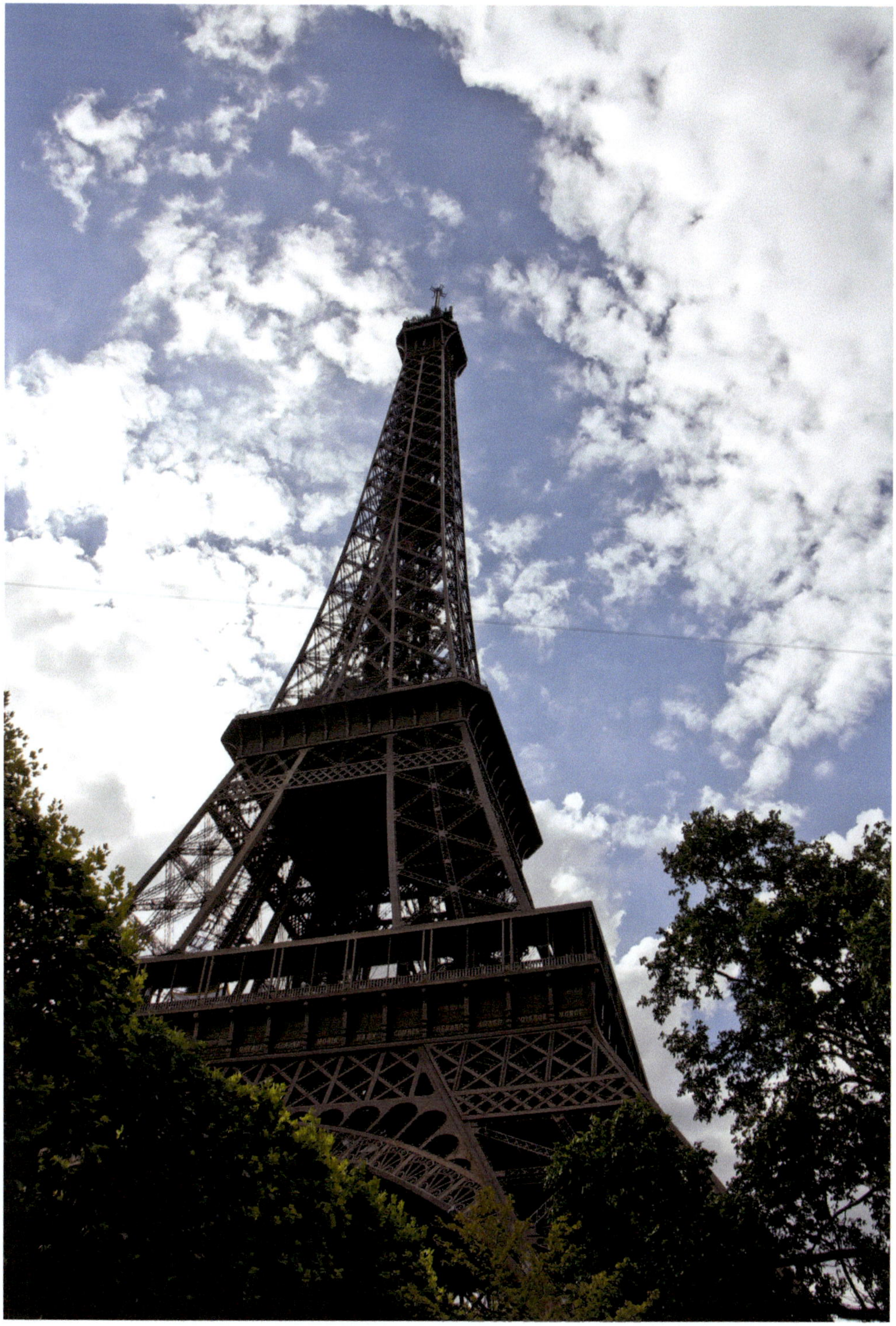

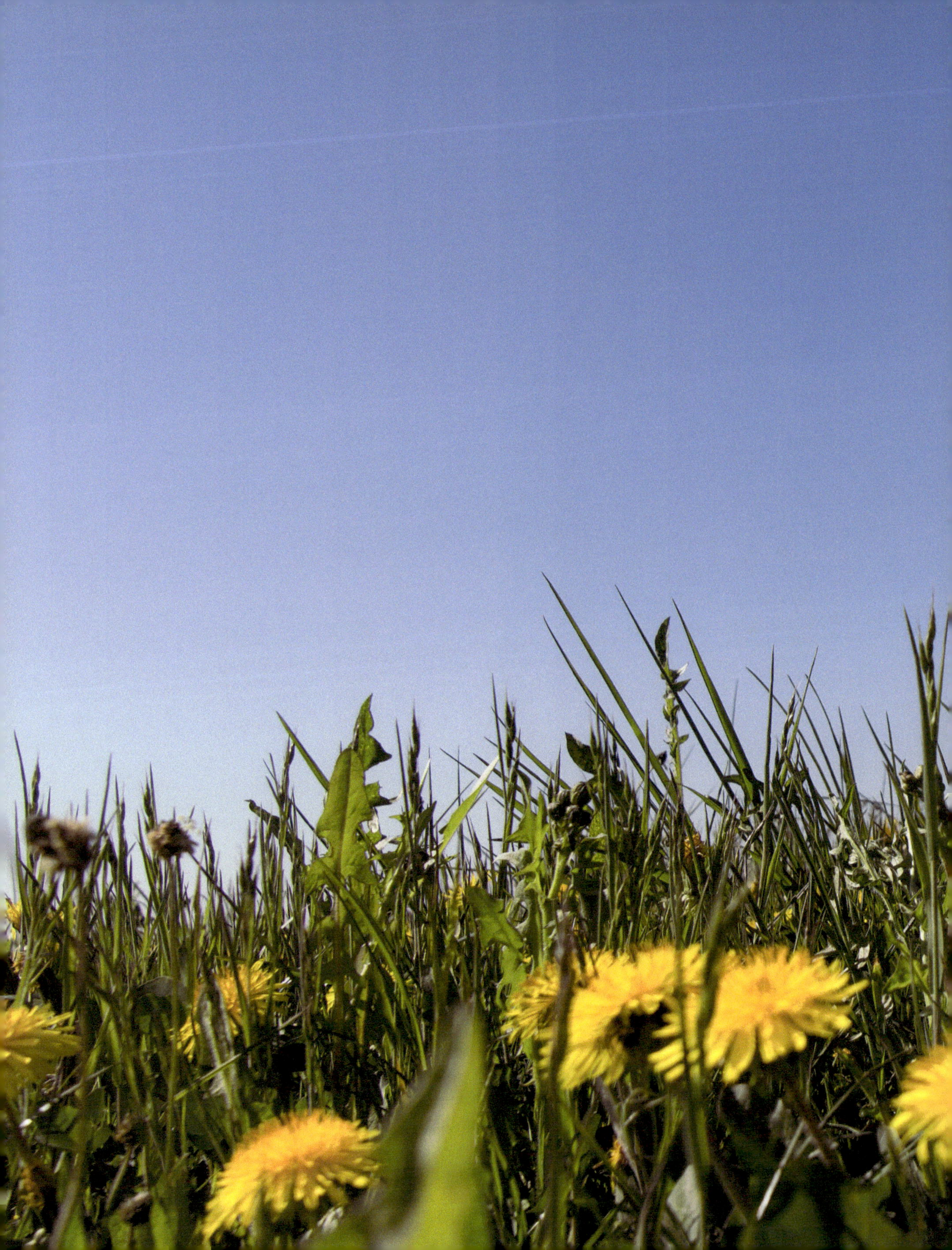

6 Bildgestaltung

Die Bildgestaltung gehört zu denjenigen Themen, bei denen es wenige feste Regeln gibt. Geschmack ist Geschmackssache!

Als ich vor vielen Jahren eine Klasse auf die Abschlussprüfung zum Mediengestalter vorbereitet habe, wurde ich mit folgendem Zitat aus den Reihen der Prüfer konfrontiert: „Rot und Gelb geht gar nicht!“. Darauf antwortete ich nur: „Dann haben die Leute einer großen Fast-Food Kette aber mächtig daneben gelegen…“

In diesem Kapitel möchte ich Ihnen einige Gestaltungsmittel an die Hand geben und prägnat vermitteln, wie Sie Landschafts-, Porträt-, Nah- und Nachtaufnahmen erstellen.

6.1 Perspektive

Die Perspektive hat einen großen Einfluss auf die Bildwirkung. Sie verändert den Blickwinkel und bestimmt damit auch das Verhältnis zwischen Betrachter und Motiv.

Froschperspektive
Hierbei erscheinen kleine Dinge groß. Wenn Sie in einer Blumenwiese unterwegs sind oder einen Pilz im Wald fotografieren, dann lohnt es sich sehr häufig, aus der Froschperspektive zu fotografieren.

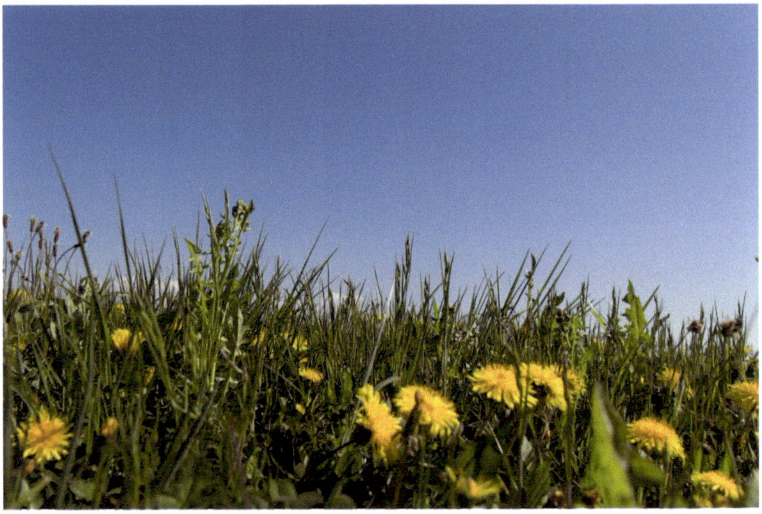

Nehmen Sie sich Zeit. Betrachten Sie das Motiv aus unterschiedlichen Blickwinkeln und wählen Sie die interessanteste Komposition aus.

Augenhöhe
Hier haben Sie einen direkten Blickkontakt, aus dieser Perspektive können Sie ausdrucksstarke Porträts erstellen. Bei Tieren erhalten Sie ebenfalls ausdrucksstarke Bilder, wenn Sie sich auf Augenhöhe begeben.

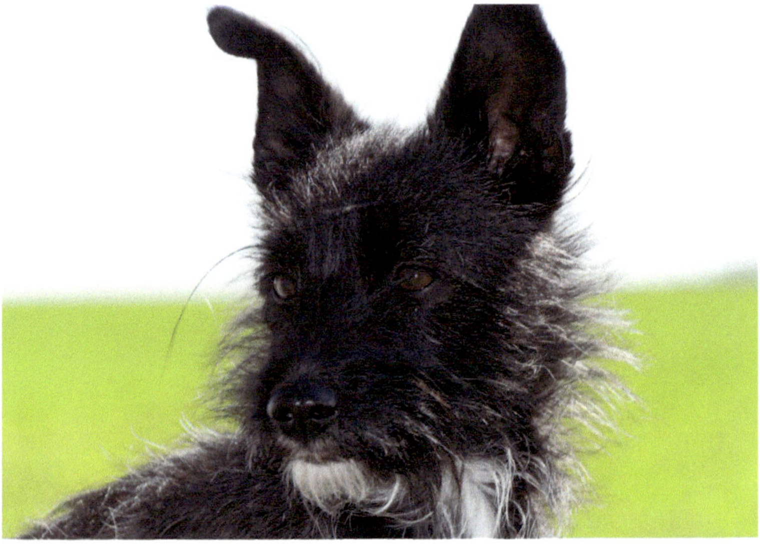

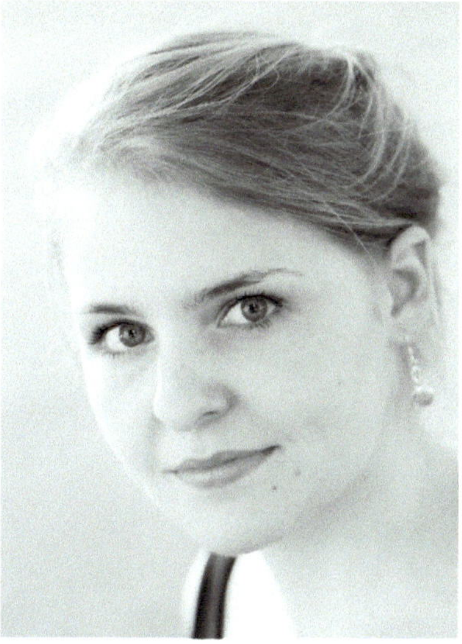

Leicht erhöht
Durch eine leicht erhöhte Position werden bestimmte „Problemzonen“ des menschlichen Körpers automatisch in ihrer Bildwirkung reduziert. Die Augen öffnen sich etwas weiter.

„Das menschliche Kinn muss eine Falte aufweisen, sonst könnte kein Mensch den Himmel sehen.“ Diese Kinnfalte, gerne auch Doppelkinn genannt, wird aus leicht erhöhter Position durch die Kinnspitze etwas verdeckt.

6.2 Goldener Schnitt und Drittel-Regel

Der Goldene Schnitt ist, vereinfacht gesagt, ein Konzept zur Beschreibung harmonischer Proportionen. Dieser ist bereits seit der Antike bekannt und findet Berücksichtigung in der Bildenden Kunst, Architektur und vielen anderen Bereichen. Das Verhältnis von Gesamtgröße zu Teilgrößen, welches der Goldene Schnitt postuliert, wird auch in der Natur vorgefunden.

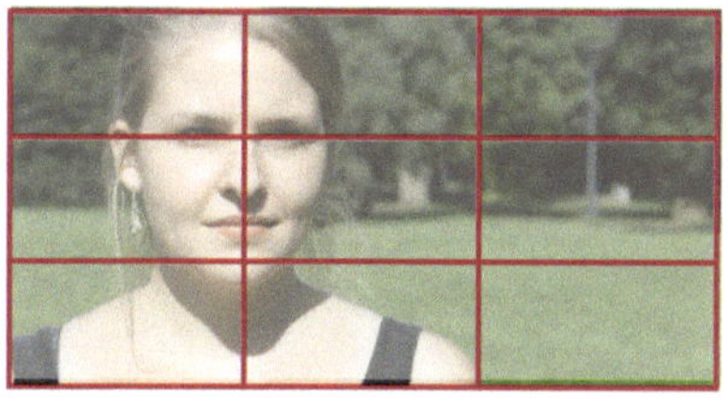

Abgeleitet vom Goldenen Schnitt wird in der Fotografie die Drittel-Regel als Gestaltungsempfehlung verwendet. Diese rät, wichtige Elemente nicht in der Mitte des Bildes zu positionieren, sondern das Bild sowohl horizontal als auch vertikal zu dritteln und das Objekt an diesen gedachten Linien anzuordnen. Bei der Bildgestaltung einer Porträtaufnahme würden Sie in der Regel die Person so anordnen, dass sie etwas aus der Mitte heraus positioniert ist und in das Bild hereinschaut.

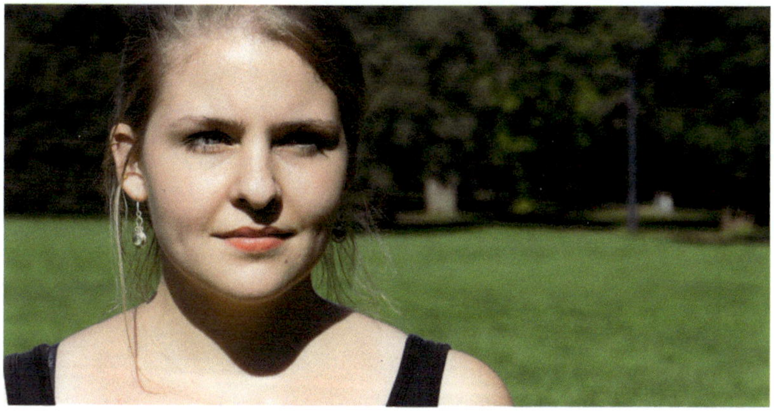

Einige Kameras bieten die Möglichkeit, ein Gitternetz einzublenden. Damit haben Sie zwei senkrechte Linien, links und rechts von der Mitte. Diese Linien können Sie benutzen, um Ihre Person auf einer der senkrechten Linien zu positionieren.

Probieren Sie es aus. Manchmal kann auch ein Abweichen von der Drittel-Regel ein interessanntes Foto kreieren.

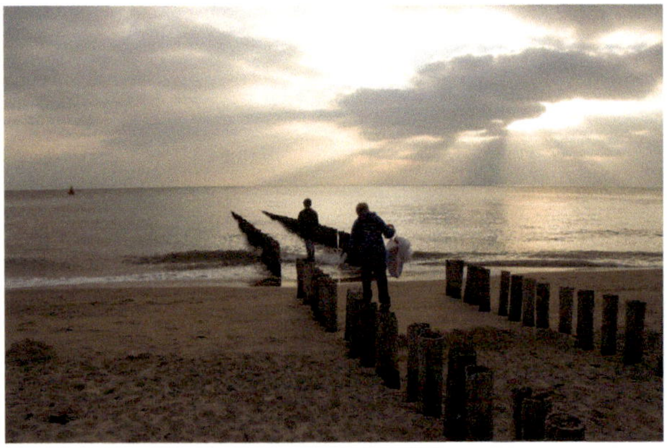

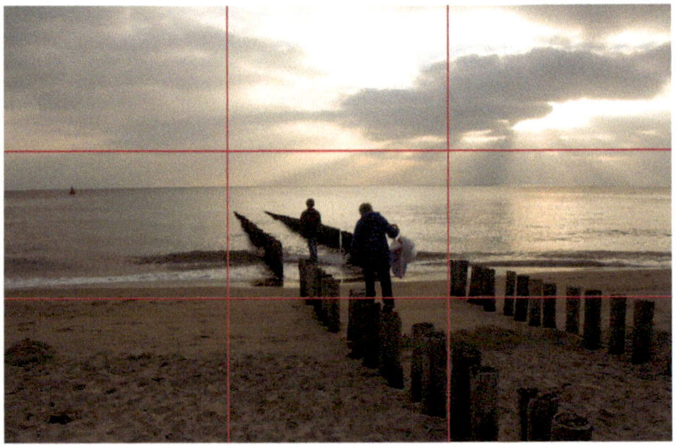

6.3 Schärfentiefe

Ein Porträtfoto erzielt eine besondere Wirkung, wenn der Hintergrund unscharf ist. Die Person wird also freigestellt. Sie tritt optisch aus der Masse hervor. Das kann gewollt oder ungewollt sein. Wenn Sie auf einer Urlaubsreise ein Foto vor einer traumhaften Kulisse machen wollen, könnte es aber durchaus gewollt sein, dass der Hintergrund noch scharf abgebildet wird und zu erkennen ist, ob Sie im Death Valley oder auf einer sandigen Baustelle bei Ihrem Nachbarn waren.

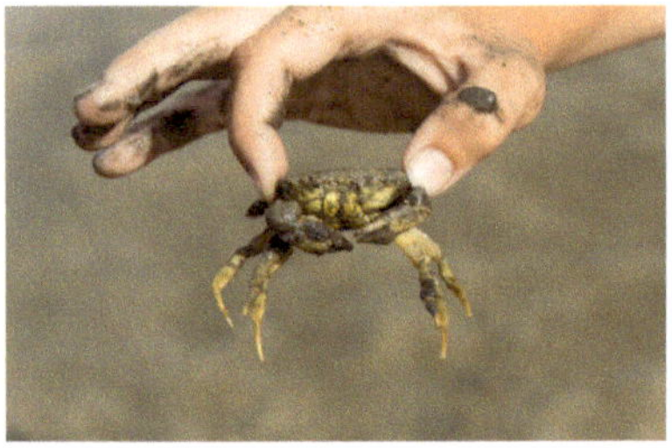

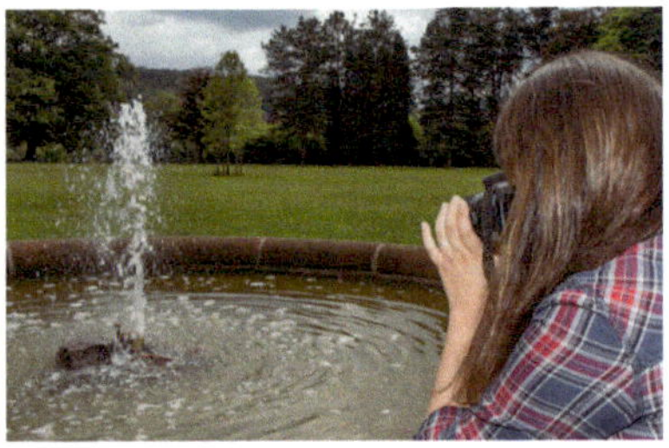

Der fotografische Begriff, der diesen Sachverhalt beschreibt, ist die sogenannte Schärfentiefe, im Volksmund auch Tiefenschärfe genannt. Sie definiert, welche Entfernungsbereiche scharf abgebildet werden. Eine große Schärfentiefe bedeutet, dass bei Landschaften vom Vordergrund bis zum Horizont möglichst alles scharf ist. Eine geringe Schärfentiefe bedeutet, dass nur ein bestimmter Entfernungsbereich scharf abgebildet wird.

Die Kontrolle dieser Schärfentiefe ist ein ganz entscheidendes gestalterisches Werkzeug. Interessant ist hierbei, dass die Schärfentiefe des Bilds von drei Faktoren bestimmt wird:

- **Blende:** Je größer die Blendenzahl, desto größer die Schärfentiefe.
- **Brennweite:** Je länger die Brennweite, desto geringer ist die Schärfentiefe.
- **Abstand Kamera – Motiv:** Je näher das Motiv, desto geringer die Schärfentiefe.

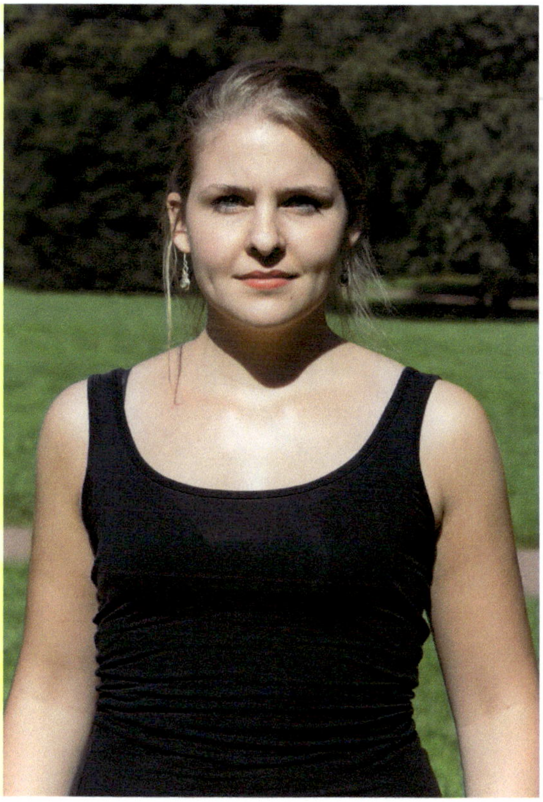

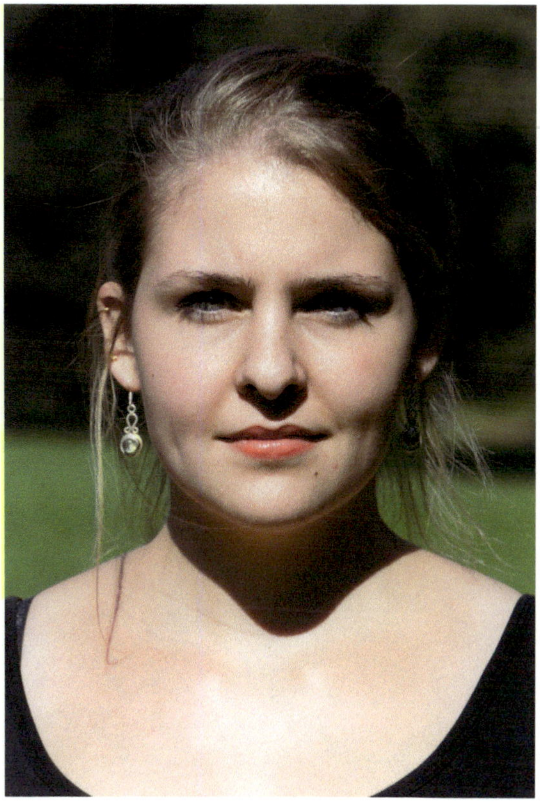

Diese drei Faktoren bestimmen nun, ob der Hintergrund scharf oder unscharf ist. Und die unglaubliche Vielzahl an Kombinationsmöglichkeiten dieser Faktoren geben dem routinierten Fotografen die Möglichkeit, das Bildergebnis nach seinen Vorstellungen auf den Punkt zu bringen.

Je höher die Blendenzahl, desto größer die Schärfentiefe

Die Veränderung der Blende zur Steuerung der Schärfentiefe ist zwar das bekannteste Mittel, hat jedoch erhebliche Auswirkungen auf die Belichtungszeit. Hierbei ist die Gefahr von komplett unscharfen Bildern sehr groß! Ein Teilnehmer berichtete mir, er wollte ein Auto fotografieren und das sollte komplett scharf sein. Er hat die Blende mit einer großen Zahl gewählt. Durch die dadurch provozierte Verlängerung der Verschlusszeit wurde das komplette Bild völlig unscharf.

Je länger die Brennweite, desto geringer ist die Schärfentiefe

Ein anderer Weg ohne diese Nebenwirkung ist das Arbeiten mit dem Zoom Ihrer Kamera. Je näher Sie heran zoomen, desto unschärfer wird der Hintergrund. Ihr Motiv wird zusätzlich größer und Sie erhalten eine intensive Bildwirkung.

Je geringer die Distanz zwischen Kamera und Motiv, desto geringer ist die Schärfentiefe

Wenn Sie sich Ihrem Motiv nähern, wird der Hintergrund ebenfalls unschärfer. Wenn Sie den Effekt noch verstärken wollen, positionieren Sie Ihr Motiv nicht direkt vor dem Hintergrund. Wenn Ihr Motiv weit vom Hintergrund entfernt ist, wird nur das Motiv scharf und der Hintergrund in großer Entfernung zum Motiv wird unscharf.

6.4 Praxis Porträtfotografie

Nahezu jeder Fotograf, sei es Einsteiger, Fortgeschrittener oder Profi, fertigt hin und wieder Porträts an. Jeder kennt den Spruch: „Du hast doch eine gute Kamera, mach mal ein schönes Bild von mir!“ Im folgenden Kapitel möchte ich Ihnen ein paar Tipps geben, wie Sie sich dem Thema Porträtfotografie nähern können und vielleicht tatsächlich zu dem gewünschten, schönen Bild kommen.

Location

Die Auswahl des Ortes, an dem sich die porträtierte Person befindet, steht immer am Anfang. Generell gilt es zu unterscheiden, ob die Bilder im Haus oder draußen gemacht werden.

Drinnen oder draußen

Bilder in der freien Natur bieten eine völlig andere Aufnahmesituation als Fotos im Haus. Während Sie im Haus die Lichtsituation über Ihren Blitz beeinflussen können, sind Sie bei Außenaufnahmen wetterabhängig. Auf den ersten Blick scheint ein schöner Park bei sonnigem Wetter der ideale Ort zu sein, um ansprechende Porträt-Aufnahmen zu erstellen. Die Sonne liefert jedoch ein sehr hartes Licht und der Spruch „Wo viel Licht ist, ist auch viel Schatten“ trifft hier natürlich besonders stark zu. Angenommen Sie positionieren die Kamera so, dass die Sonne dem Fotografen über die Schulter scheint. Ihr Model ist zwar jetzt von der Sonne illuminiert, wird jedoch die Augen nur unter größten Anstrengungen öffnen können. Deshalb ist es ein probates Mittel, das Model im Schatten zu positionieren. Hier ist die Sonne als hartes Licht ausgeblendet und es fällt Ihrem Model nicht so schwer, die Augen geöffnet zu halten. Außerdem wirft die Sonne keine eventuell störenden Schlagschatten. Aus diesem Grund eignet sich auch ein bewölkter Tag durchaus zum Fotografieren.

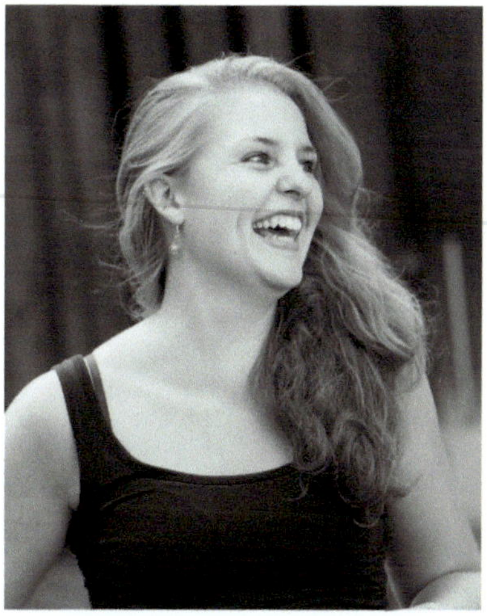

Bild 6.1 Ein bewölkter Tag oder ein komplett im Schatten liegender Bereich bieten ein weiches und angenehmes Licht für Porträtfotos

Im Innenraum gibt es sehr oft weniger Licht als draußen. Das führt dazu, dass man sehr häufig den Blitz benutzen muss. Ihre Kamera wird, sofern sie im Porträtprogramm betrieben wird, automatisch dafür sorgen, dass der Blitz zugeschaltet wird. Sollten Sie sich für die Programmautomatik entscheiden, so denken Sie daran, den Blitz manuell zuzuschalten. Wenn Sie sich in einem Raum befinden, in dem eine besondere Lichtstimmung herrscht, kann es durchaus interessant sein, bewusst auf den Blitz zu ver-

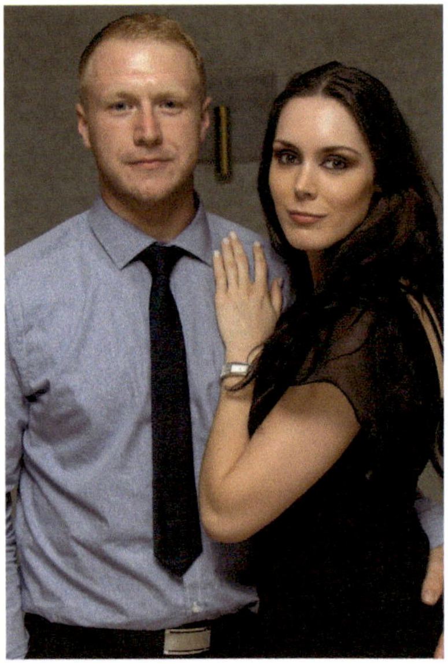

Bild 6.2 Aufnahme im Innenraum

zichten. Hierbei spricht man von der sogenannten „Available Light“ Fotografie. Der Begriff kommt aus dem Englischen und bezeichnet das Fotografieren unter ausschließlicher Nutzung des zur Verfügung stehenden Lichtes. Kameraseitig ist hierbei zu beachten, dass Sie die ISO-Empfindlichkeit erhöhen müssen, um das Licht zu verstärken. Probieren Sie in der Programmautomatik doch einfach mal aus, wie das Bild wirkt, wenn Sie die ISO-Einstellung „Automatisch“ wählen. Viele Kameras haben in den Menüs eine Einstellmöglichkeit, die die ISO-Automatik begrenzt. Man kann hier vorwählen, wie hoch die Kamera die ISO-Zahl automatisch maximal einstellen darf.

Verbindung zwischen Location und Model

Wenn die Entscheidung für eine Location gefallen ist, steht als nächstes die Komposition aus Location und Ihrem Model auf dem Plan. Sicherlich kennen Sie alle den Spruch „stell Dich mal neben Dein neues Auto“, Dein neues Fahrrad oder neben den schönen Rosenstrauch.

Eine Möglichkeit, Bilder interessant zu gestalten besteht darin, eine Geschichte zu erzählen. Lassen Sie uns bei dem Beispiel der Rosen bleiben. Wenn Sie eine Rosenzüchterin fotografieren, die ihre Rosen liebt, so lassen Sie die Dame an ihren Rosen riechen. Damit wird im Bild ein Zusammenhang zwischen dem Menschen und der Kulisse dargestellt. Als positiven Nebeneffekt erhalten Sie für Ihr Foto durch die Interaktion automatisch natürliche und authentische Bewegungsabläufe und Gesten. Wenn Sie jetzt Ihr Model beobachten und mehrere Aufnahmen anfertigen, steigt die Wahrscheinlichkeit, dass Sie am Ende gute Ergebnisse erzielt haben.

Bild 6.3 Hier wird die Verbindung zwischen Mensch und Location deutlich.

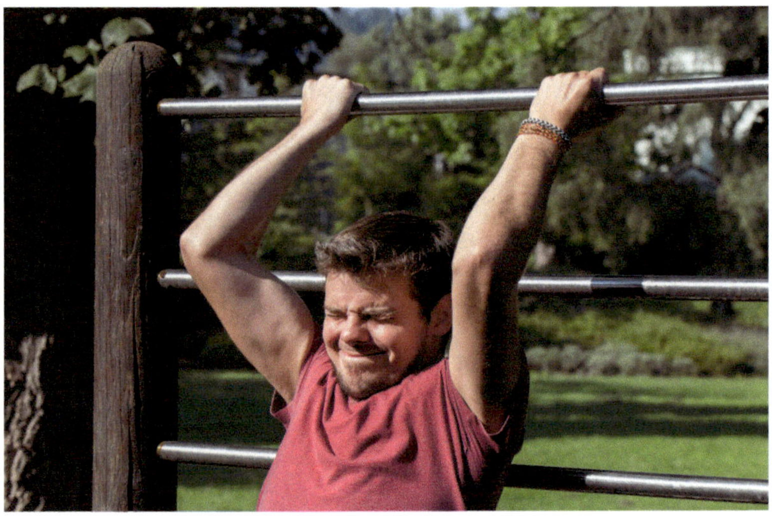

Auswahl des Hintergrundes

Wie der Name schon sagt, hat der Hintergrund meistens die Aufgabe, den Menschen auf dem Foto zu begleiten. Bei der Auswahl des Hintergrundes gilt es also zu beachten, den Hintergrund passend zum Menschen zu wählen, den Sie fotografieren.

Ein prächtig blühender Strauch kann für sich gesehen ein tolles Bild ergeben, als Hintergrund für einen eher blassen und vielleicht zurückhaltenden Menschen, kann er sich aber auch kontraproduktiv erweisen und diesen eventuell blass und klein wirken lassen. Es kann Ihnen also durchaus passieren, dass ein Porträt vor einer „langweiligen" grünen Hecke den Menschen besser zur Geltung bringet, als der strahlende Strauch.

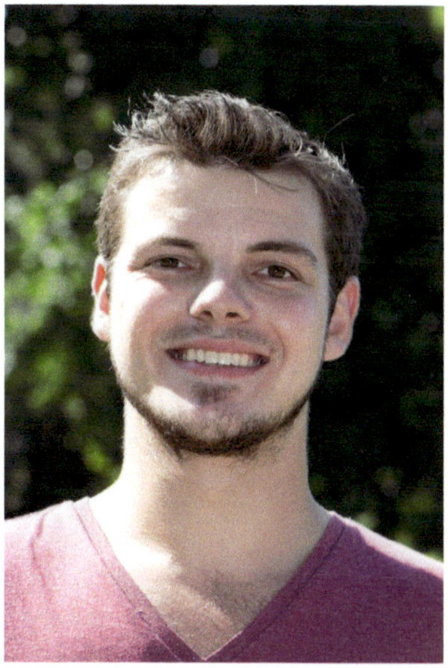

Bild 6.4 Der relativ schlichte Hintergrund lässt dem Menschen Raum im Bild

Hintergrund scharf oder unscharf

Hier entscheidet das richtige Maß. Die Schärfe ist ein mächtiges Gestaltungsmittel innerhalb der Fotografie. Wie im Kapitel Autofokus beschrieben, geht es darum, die Schärfe an den richtigen Punkt in Ihrem Bild zu bringen.

Klassischerweise wird der Autofokus mit dem Messfeld bei der Porträtfotografie auf das Auge der Person ausgerichtet. Dadurch ergibt sich im Bereich der Augen, der für die Wirkung der Person im Bild entscheidend ist, die größtmögliche Schärfe.

Der Fotograf entscheidet aber nicht nur, wie scharf oder unscharf die Person dargestellt werden soll. Der Hintergrund kann hinsichtlich der Schärfe ebenfalls beeinflusst werden. Eine häufig verwendete Kombination ist eine scharf abgebildete Person vor einem unscharfen Hintergrund. Zur Umsetzung einer solchen Idee gibt es einige fotografische Mittel. Das einfachste Mittel ist die Platzierung Ihres Models. Wenn Sie die klassische „Stell Dich mal vor die Wand" Position für Ihr Model wählen, wird folgendes geschehen: Sie stellen scharf auf eine Entfernung von beispielsweise 4 Metern zwischen Ihnen und Ihrem Model. Wenn Sie auf 4 m fokussieren, wird die Wand in 4,25 Metern auch relativ scharf sein, da die Schärfe vom Fokuspunkt aus nach hinten nur langsam abnimmt.

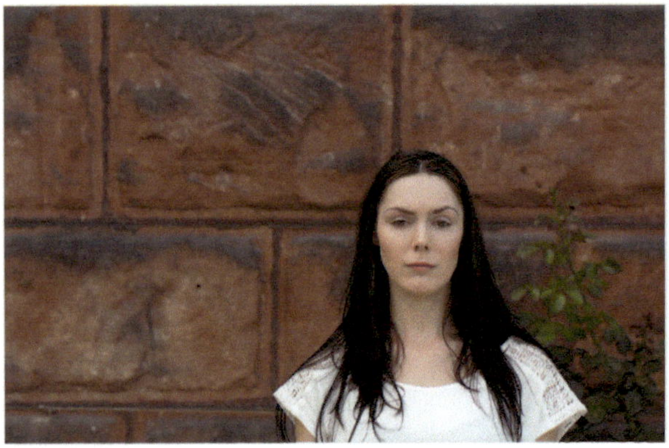

Bild 6.5 Model und Hintergrund (in ungefähr gleicher Entfernung) sind scharf

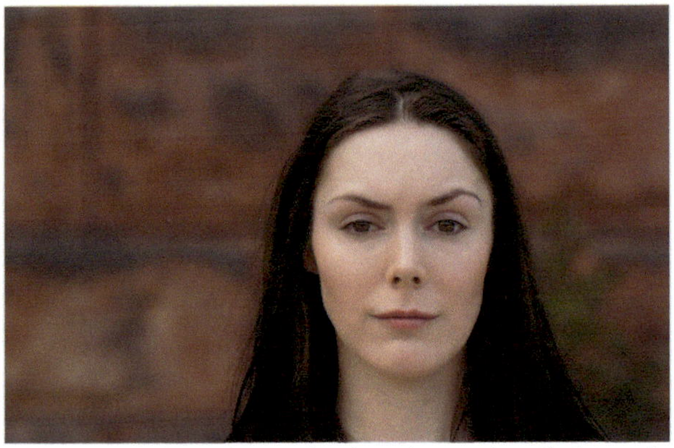

Bild 6.6 Durch das Verkürzen des Abstandes zwischen Objektiv und Model im Vergleich zum Abstand Model - Hintergrund ist der Hintergrund unscharf geworden.

Jetzt bitten Sie Ihr Model, sich näher zur Kamera zu bewegen. Der Abstand zwischen Ihnen und dem Model sollte jetzt ca. 1 m betragen. Sie fokussieren auf die Augen der Person und die Kamera stellt scharf auf eine Entfernung von 1 m. Die Wand, die nach wie vor ca. 4,25 m von Ihnen entfernt ist, wird unscharf werden. Sie können diesen Effekt noch erheblich steigern, indem Sie Ihr Model noch weiter von der Wand entfernt positionieren.

Eine weitere Verstärkung der Unschärfe im Hintergrund können Sie erzielen, indem Sie näher heran zoomen. Durch diese Verlängerung der Brennweite verkleinern Sie die Schärfentiefe.

Bildausschnitt / Bildgestaltung

Entscheiden Sie zunächst, ob Sie den ganzen Körper oder nur den Oberkörper abbilden möchten. Fotos, die nur den Oberkörper der Person zeigen, sind oft ausdrucksstärker als Ganzkörperfotos. Außerdem fällt es vielen Menschen leichter, sich nicht auf den ganzen Körper zu konzentrieren, sondern nur auf Gesicht und Oberkörper.

Achten Sie bei der Wahl des Bildausschnitts darauf, dass Sie dem Menschen in seiner Blickrichtung Raum lassen. Eine Person, die aus dem Bild herausschaut, wertet das Foto automatisch ab. Bei sich bewegenden Menschen wie Läufern ist es ebenfalls wichtig, Raum zu lassen, damit die Bewegung in das

Bild hinein führt. Hier ist die Anwendung der Drittelregel sehr hilfreich.

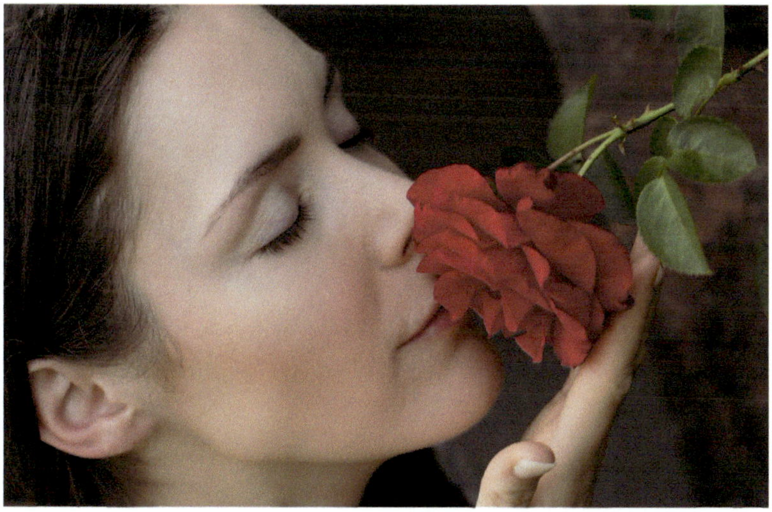

Bild 6.7 Im Bild ist Raum in Blickrichtung der Person

Tipp!

Wenn möglich, machen Sie mehrere Aufnahmen und verändern den Bildausschnitt von Bild zu Bild. So haben Sie später die Auswahl.

Kameraeinstellung

Porträtprogramm

Für die Porträtfotografie bietet Ihre Kamera ein spezielles Programm, das die Grundeinstellungen an Ihrem Gerät so vornimmt, dass Sie eigentlich direkt fotografieren könnten. Das Programm schaltet automatisch den Blitz ein, wenn die Kamera es aufgrund der Lichtverhältnisse für nötig hält.

Nachtporträt

Schwierig sind die Lichtverhältnisse bei einem Nachtporträt. Lassen Sie uns einen nächtlichen Spaziergang unternehmen, um folgende Situation fotografisch festzuhalten. Sie fotografieren Ihren Partner an einem Hafen. Aufgrund der Dunkelheit wird Ihre Kamera den Blitz einschalten. Die Reichweite des Blitzes beträgt deutlich unter 5 Meter.

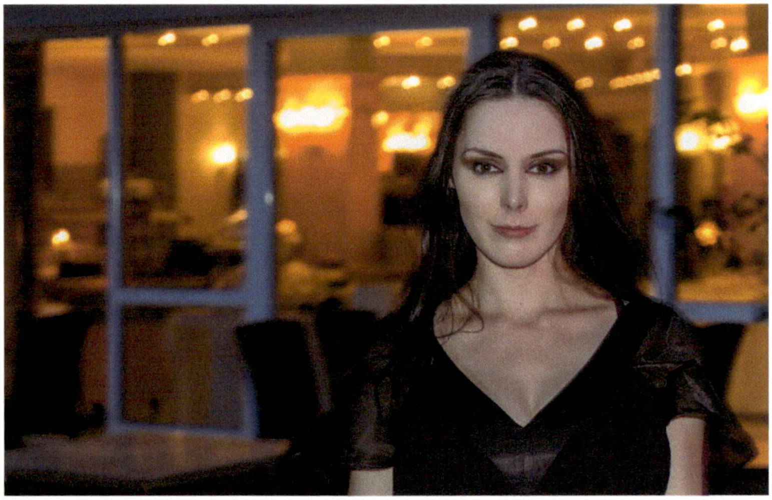

Bild 6.8 Nachtporträt mit Programm für Nachtporträts

Das bedeutet, dass die Umgebung nicht mehr erhellt und folglich schwarz wird. Mit dem Nachtporträtmodus lässt die Kamera den Verschluss einfach länger auf, auch wenn der Blitz schon abgebrannt ist. In dieser Zeit wird die Umgebung aufgenommen. Um Verwackelungen zu vermeiden, sollten Sie solche Aufnahmen nur mit Stativ erstellen. Bitten Sie Ihr Model, sich möglichst wenig zu bewegen.

Sportprogramm

Wenn Sie Personen fotografieren, die sich stark bewegen, so kann Ihnen das Sportprogramm durchaus dabei behilflich sein, gute Aufnahmen zu erzielen.

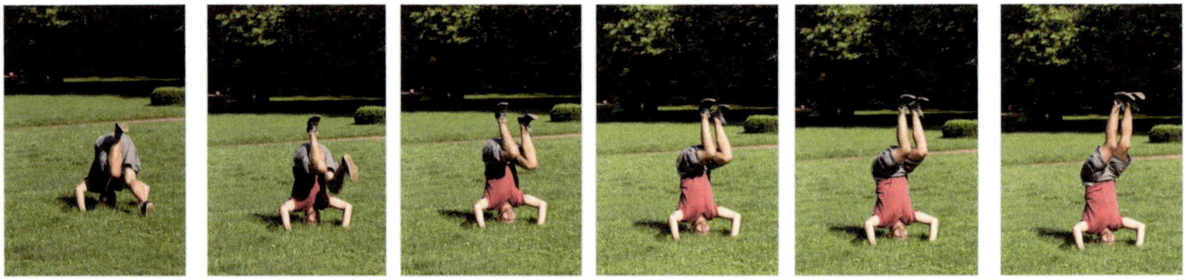

Bild 6.9 Mit dem Sportprogramm entstanden diese Bilder, die durch die Serienbildfunktion unterschiedliche Bewegungsstadien eingefangen haben.

Das Sportprogramm ist darauf ausgelegt, mit ziemlich kurzen Verschlusszeiten zu arbeiten. Dadurch werden die Bewegungen Ihres Models eingefroren. Ein weiterer Vorteil dieses Programms besteht darin, dass die Serienaufnahmefunktion aktiviert wird.

So können Sie mit Dauerfeuer viele Aufnahmen in kurzer Zeit erzielen, um so genau die passenden Momentaufnahmen zu erhalten.

Zu beachten gilt bei der Verwendung des Sportprogramms jedoch, dass die Kamera in diesem Modus keinen Blitz hinzuschaltet, sei es auch noch so dunkel. Die fehlende Lichtmenge wird durch eine Erhöhung des ISO-Wertes kompensiert.

Übungen

Im Sinne des Familienfriedens schlage ich Ihnen vor, die nachfolgenden Übungen mit einer Puppe oder mit einem vergleichbaren Gegenstand als Model durchzuführen. Familienmitglieder reagieren wahrscheinlich spätestens nach dem 10. Bild genervt und der Spaß ist vorbei. Nun zu den Übungen:

- Positionieren Sie Ihr Model an verschiedenen Plätzen in Ihrer Wohnung und fotografieren Sie mit dem Porträtprogramm.
- Wiederholen Sie die gleiche Serie in der Programmautomatik und vergleichen Sie die Bilder.
- Positionieren Sie ein Model vor einem einfarbigen und vor einem bunten Hintergrund und beurteilen Sie die Bildwirkung.
- Fotografieren Sie Ihr Model nah am Hintergrund stehend und nah an der Kamera stehend und beobachten Sie die Veränderungen in der Schärfe des Hintergrundes.
- Fotografieren Sie Ihr Model in großer Entfernung vom Hintergrund und zoomen Sie näher heran und weiter weg.

6.5 Praxis Landschaftsfotografie

Viele Menschen lieben es, die Natur zu fotografieren. Landschaften im Urlaub festzuhalten oder die gewohnte Umgebung in verschiedenen Jahreszeiten abzulichten, sind nur einige der Faszinationen, die die Landschaftsfotografie bietet. Wer sich dieser Sparte nähert, wird sehr bald feststellen, dass die Geduld und die Beobachtungsgabe besonders gefordert sind.

Nicht selten haben Naturfotografen Monate damit verbracht, bestimmte Gebiete in unterschiedlichen Jahreszeiten, zu unterschiedlichen Tageszeiten und in unterschiedlichem Licht zu beobachten, bevor das gewünschte Bild entstanden ist.

In vielen anderen Bereichen der Fotografie lässt sich das technisch manipulieren oder gestalten. Wenn Sie aber das Matterhorn im Sonnenuntergang haben wollen, muss das Wetter stimmen. Sie können mit Ihren Blitzen nichts erreichen.

Vorbereitungen

Eines der wichtigsten Werkzeuge für die Landschaftsfotografie ist die Landkarte. Hier kann der Lauf der Sonne an der gewünschten Stelle beobachtet werden. Gerade auf Reisen bietet sich das an. Wenn Sie an einem besonderen Ort sind, können Sie die Sonne oder das Gebäude nicht verändern. Vielleicht können Sie aber zu einem anderen Zeitpunkt des Tages zu diesem Ort fahren. Ein Bauwerk im Gegenlicht ist meistens nicht das gewünschte Motiv.

Motivauswahl / Bildausschnitt

Ein generelles Problem der Fotografie auf einem zweidimensionalen Medium ist die mangelnde Fähigkeit, Tiefe und Entfernungen darzustellen. Unser Auge hat gelernt, Entfernungen auf Bildern anhand von Größenverhältnissen einzuschätzen. Indem wir im Vordergrund des Bildes einige Details abbilden, liefern wir unserem Auge einen Referenzpunkt. Wenn also ein Laubblatt (im Vordergrund) größer dargestellt wird als ein Auto (im Hintergrund), dann kann der Betrachter daraus ableiten, dass das Auto eine gewisse Entfernung zur Kamera haben muss.

Deshalb sieht man sehr häufig Landschaftsaufnahmen, bei denen Äste oder Zweige im Vordergrund zu erkennen sind. Sie helfen bei der Einschätzung der Entfernung und geben dem Bild gleichzeitig einen gewissen Rahmen.

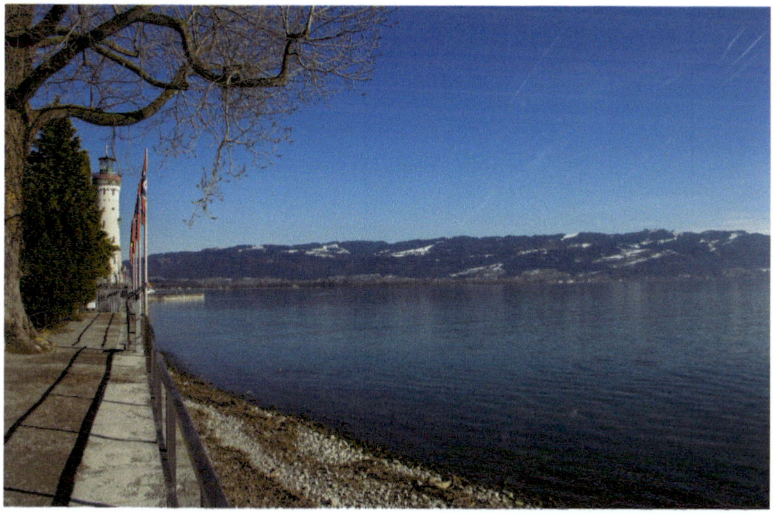

Bild 6.10 Erkennbare Gegenstände im Vordergrund zeigen das Größenverhältnis und geben so einen Eindruck von der Entfernung

Perfekt ausgerichtet mit Stativ und Wasserwaage

In der Landschaftsfotografie sollten Sie darauf achten, wichtige Elemente, wie z. B. den Horizont oder Bauwerke (mit Ausnahme des Schiefen Turms von Pisa) etc. entsprechend waagrecht bzw. senkrecht abzulichten. Ein Stativ hilft dabei, den Bildausschnitt genau einzustellen. Zusätzlich können Sie im Menü der Kamera ein Gitternetz einblenden. Schalten Sie die Kamera in den Live-View Modus und richten Sie mithilfe der vertikalen und horizontalen Linien auf dem Display die Kamera exakt aus.

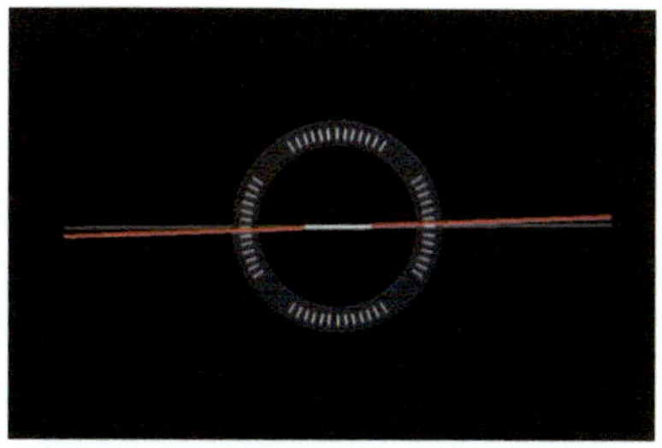

Bild 6.11 Die Wasserwaage in der Kamera hilft bei der Ausrichtung und sorgt dafür, dass der Horizont gerade ist.

Manche Kameras haben sogar eine integrierte Wasserwaage, die unabhängig vom Motiv und ohne Live-View die exakte Positionierung und Ausrichtung der Kamera ermöglicht.

Ein weiterer Vorteil bei der Verwendung eines Statives ist die Vermeidung von Verwackelungen. Auch in der Abenddämmerung können Sie mit Hilfe der Standfestigkeit Ihres Statives noch scharfe Fotos erzielen. Für Reisende gibt es verschiedene Stative, die sich relativ klein zusammenbauen lassen und in einem Rucksack sehr gut zu verstauen sind.

Kameraeinstellung

Ihre Kamera verfügt über ein spezielles Landschaftsprogramm. Dieses verwendet Einstellungen, die dafür sorgen, dass der Schärfebereich relativ groß ist. Bei Landschaften geht es ja nicht darum, ein Detail zu zeigen, sondern die gesamte Gebirgskette, den gesamten Strand oder die ganze Bucht. Das erledigt die Kamera unter anderem, indem sie die Blende eher weniger öffnet. Das führt dazu, dass die Belichtungszeit etwas länger wird. Das stört Sie aber nicht! Sie haben die Kamera ja, wie oben beschrieben, auf dem Stativ stehen.

Den Effekt des großen Schärfebereiches können Sie sehr einfach unterstützen und verstärken, indem Sie nicht heran zoomen, sondern Ihr Objektiv in einer Weitwinkelstellung benutzen. Das erhöht zusätzlich die Schärfentiefe und führt zu Landschaftsaufnahmen mit einem großen Schärfebereich.

Der Blitz wird in diesem Programm nicht gezündet, weil es keinen Sinn ergibt. Er ist nicht in der Lage, die ganze Küste in strahlend hellem Licht erscheinen zu lassen. Geringe Lichtmengen gleicht die Kamera durch die Erhöhung der ISO-Werte aus.

Alternativ können Sie Landschaftsaufnahmen aber auch in der Programmautomatik (Programm P) durchführen. Vor allem in der Dämmerung bringt dies den Vorteil, dass Sie die ISO–Zahl fest vorgeben und die Kamera „gezwungen“ ist, fehlendes Licht durch eine längere Verschlusszeit auszugleichen. Auf die Gefahr hin, dass ich mich wiederhole, sei nochmal gesagt, dass wir das gerne billigend in Kauf nehmen, weil die Kamera ja auf einem Stativ steht.

Übungen

Besorgen Sie sich, sofern vorhanden, ein Stativ und begeben Sie sich in die Natur.

- Stellen Sie die Kamera auf das Stativ und richten Sie die Kamera so aus, dass der Horizont gerade verläuft.
- Erstellen Sie mehrere Fotos in unterschiedlichen Programmen.
- Erstellen Sie ähnliche Bilder mit Gegenständen im Vordergrund und ohne Vordergrund und vergleichen Sie die Wirkung.

6.6 Praxis Nahaufnahmen / Makro

Kleine Dinge werden groß. Die Blüte einer Blume im richtigen Licht hat das Potenzial, als Großformatdruck in Ihrem Wohnzimmer zu hängen oder als individuelle Glückwunschkarte bei Ihren Freunden oder Verwandten zu sorgen. Schauen wir uns an, wie Sie diesem Bild näher kommen.

Was ist Makro?

Der Übergang von Nahaufnahmen zu Makrobildern ist fließend. Der Begriff „Makro" wird in der Werbung bei sehr vielen Objektiven benutzt, um dem Käufer zu vermitteln, dass man Dinge „groß" fotografieren kann. Wie groß man sie abbilden kann, steht jedoch meist erst in den technischen Daten. Im klassischen Sprachgebrauch spricht man von einem Makro bei einem Abbildungsmaßstab von 1:1 oder größer.

Für eine Rose ist dieser Abbildungsmaßstab schon viel zu groß. Bei Maßstab 1:1 wird ein Objekt der Größe 16 x 24 mm (bei APS-C Sensor) formatfüllend abgebildet. Ihre Rose wäre also vielleicht 8 oder 10 mal so groß wie Ihr Bild.

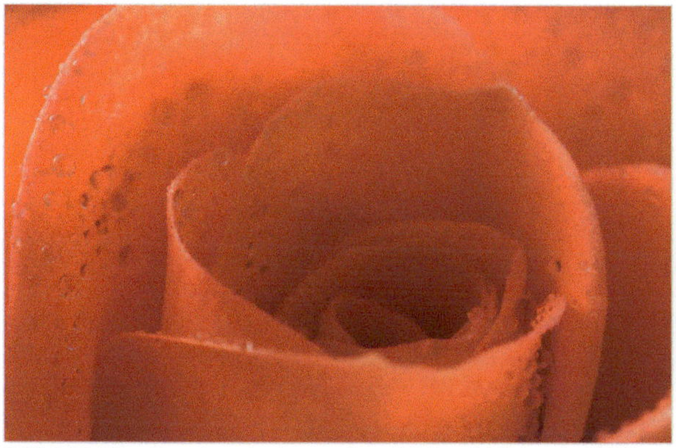

Bild 6.12 Eine Rose ist mit einem echten Makroobjektiv mit Abbildungsmaßstab 1:1 zu groß und überragt das Bild an allen Seiten

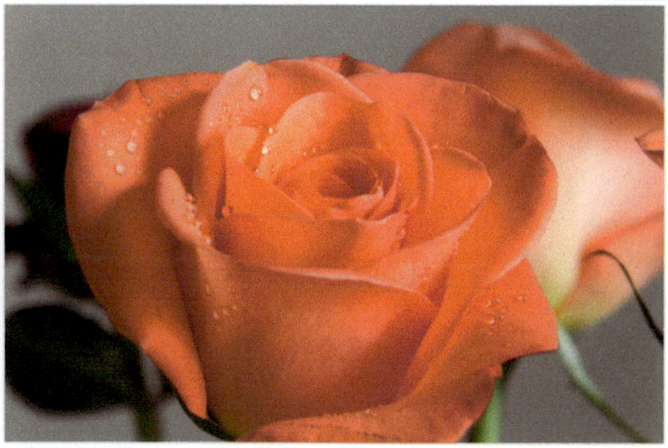

Bild 6.13 Hier eine Rosenblüte mit einem Standard Zoom Objektiv ohne echte Makro-Funktion

Um also ein paar schöne Nahaufnahmen von Blumen oder Früchten zu machen, müssen Sie nicht unbedingt in ein Makro-Objektiv investieren. Das lohnt sich dann, wenn Sie sich mit dem Gebiet der Nahaufnahmen tiefergehend beschäftigen wollen. Typische Motive für Makroaufnahmen sind Insekten, die sehr groß abgebildet werden, sodass die Facettenaugen klar zu erkennen sind.

Motivauswahl

Sie werden in Ihrem Umfeld bei genauem Hinsehen eine Vielzahl von möglichen Motiven für Nahaufnahmen finden. Angefangen von Blumen, über Uhren, Früchte, Wassertropfen bis hin zu kleinen Tieren gibt es zahllose Motive, die Sie tagtäglich umgeben.

Menschen bieten auch durchaus interessante Motive für Nahaufnahmen. So können Sie intensive Bildwirkungen erzielen, wenn Sie sich optisch über die Grenze des üblichen Mindestabstandes hinauswagen. Besprechen Sie bitte solche Aufnahmen vorher mit Ihrem Model.

Perspektive

Um kleine Dinge mächtiger und größer wirken zu lassen, eignet sich besonders die Froschperspektive und ein Blickwinkel, der leicht nach oben gerichtet ist. Dadurch schaut der Betrachter zu dem Motiv auf.

Beginnen Sie mit kleinen, unbelebten Gegenständen. Hier haben Sie den Vorteil, dass man diese sehr einfach bewegen und positionieren kann. Schauen Sie sich ihr Objekt genau an, um dessen Schokoladenseite herauszufinden. Idealerweise haben Sie die Kamera auf einem Stativ abgestellt. Das sorgt für eine feste Blickrichtung und Sie haben die Hände frei. Positionieren Sie die Kamera so, dass sowohl das Motiv seine beste Seite zeigt, als auch der Hintergrund.

Lichtsituation

Bei Nahaufnahmen gibt es viele Möglichkeiten, das Licht zu beeinflussen. Das fängt ganz einfach von der Positionierung des Objektes ab. Sie haben die Wahl zwischen Kunstlicht in Innenräumen und Tageslicht. Hier erzielen Sie durch einen Wechsel oft schon eine sehr starke Wirkung.

Aufgrund der Nähe zum Objekt und der Größe ist der Blitz ein weiteres Werkzeug zur Veränderung der Bildwirkung.

Problematisch ist bei Nahaufnahmen oft, dass der Fotograf sich selbst im Licht steht und einen Schatten auf das Objekt wirft. Hier gilt es achtsam zu sein, um das zu vermeiden.

Mit einer einfachen Schreibtischlampe haben Sie ein weiteres Werkzeug, um die Lichtsituation für Ihr Motiv zu beeinflussen.

Hintergrund

Bei kleinen Gegenständen besteht die Gefahr, dass diese im Gesamtbild untergehen und die Bildwirkung sehr stark darunter leidet. Abhilfe schaffen hier einfarbige Wände als Hintergrund, ein weißes Blatt oder farbiges Papier bzw. die Änderung der Kameraperspektive.

Kameraeinstellungen

Das Programm für Nahaufnahmen eignet sich natürlich hierfür besonders. Die Kamera schaltet den Blitz automatisch zu, wenn die Lichtmenge zu gering ist. Die ISO-Einstellungen werden ebenfalls automatisch von der Kamera vorgenommen. Sie können vor der Auslösung im Sucher kontrollieren, wie die Kamera den ISO-Wert eingestellt hat.

Autofokus

Bei Nahaufnahmen befindet sich der Fotograf, wie es der Name schon sagt, sehr nah am Motiv. Der Schärfebereich ist in kurzer Entfernung zum Objektiv physikalisch bedingt sehr klein. Um in solchen Bildern trotz der geringen Schärfentiefe den Schärfepunkt an die richtige Stelle zu setzen, ist es ratsam, die Kamera auf ein Stativ zu stellen.

Wenn Sie Ihr kleines Motiv bewegen können, ist es unter Umständen ratsam, das Motiv ganz minimal zu verschieben, anstatt den Autofokus zu bemühen. Wenn Sie diese Art des „Scharfstellens“ durch Verschiebung verwenden, so schalten Sie am besten den Autofokus aus. Wenn Sie Live-View benutzen, können Sie direkt beim Verschieben Ihres Motivs am Display beobachten, wo sich der Schärfepunkt befindet.

Übungen

Bevor Sie mit den Nahaufnahmen beginnen, sollten Sie noch einmal ein paar Tests mit dem Autofokus durchführen, um die Nahgrenze Ihres Objektivs – wie im Kapitel Autofokus beschrieben – noch einige Male zu verinnerlichen.

- Fotografieren Sie einen Zuckerwürfel so groß wie möglich.
- Versuchen Sie, eine 1 Euro-Münze möglichst groß zu fotografieren.
- Schalten Sie den Autofokus aus und bedienen Sie die Kamera im Live-View Modus. Versuchen Sie jetzt, den Schärfepunkt durch Verschieben des Objektes so zu definieren, wie es für das Motiv am besten wirkt.

Was kann schiefgehen

Bei der Makrofotografie ist der Knackpunkt die Bedienung des Autofokus. Hier kann es zu verschiedenen Problemen kommen.

- Der Autofokus stellt nicht scharf. In diesem Fall kann es drei Ursachen geben:
  - Sie haben versehentlich den Autofokus noch ausgeschaltet.
  - Die Nahdistanz ist unterschritten. Schieben Sie Ihr Objekt einfach ein Stück weiter weg.
  - Der Kontrast ist zu schwach für den Autofokus. In diesem Fall ist es am einfachsten, wenn Sie manuell fokussieren.
- Das Motiv weist große Schattenbereiche auf. Das kann ganz leicht passieren, weil der Fotograf so nah am Objekt steht, dass das Objektiv das Motiv abschattet.
- Das Motiv ist dunkel, obwohl der Blitz eingeschaltet ist. Auch hier kann das Objektiv einen Schatten erzeugen. Entfernen Sie eine eventuell noch aufgesetzte Sonnenblende.

6.7 Praxis Nachtaufnahmen

Bei Nachtaufnahmen besteht die Faszination aus den Kontrasten zwischen der dunklen Grundstimmung einerseits und den Lichtern andererseits. Diese Stimmung einzufangen ist der Ansporn vieler Fotografen, die sich oft in der kalten Jahreszeit auf den Weg machen, um an bestimmten Orten ihre Aufnahmen zu erstellen.

Vorbereitungen

Eine Grundvoraussetzung für erfolgreiche Nachtaufnahmen ist zunächst die Fähigkeit, die Kamera in völliger Dunkelheit zu bedienen. Das können Sie zu Hause wunderbar simulieren, indem Sie einfach das Licht ausschalten. Sie sollten sich darüber im Klaren sein, dass verlorene, vergessene oder umgeworfene Ausrüstungsgegenstände gerade in der Anfangszeit bei Nachtaufnahmen nicht ungewöhnlich sind. Deshalb nehmen Sie nur das mit, was Sie wirklich brauchen.

Die Abenddämmerung ist ein langsamer Prozess, in dem sich das Licht ständig ändert. Um schöne Nachtaufnahmen zu erhalten, rate ich Ihnen, vor dem Einsetzen der Dämmerung bereits an dem Ort Ihrer Wahl zu sein. So haben Sie die Möglichkeit, genau das Licht zu erhalten, welches Sie sich für Ihr Bild vorgestellt haben. Wenn Sie in verschiedenen Lichtsituationen Aufnahmen gemacht haben, können Sie auch hinterher aus einer reichen Zahl von unterschiedlichen Bildern auswählen.

Motivauswahl

Beliebte Motive sind Skylines, Autobahnen, Häfen oder andere Locations, wo viele Lichter den optischen Charakter prägen.

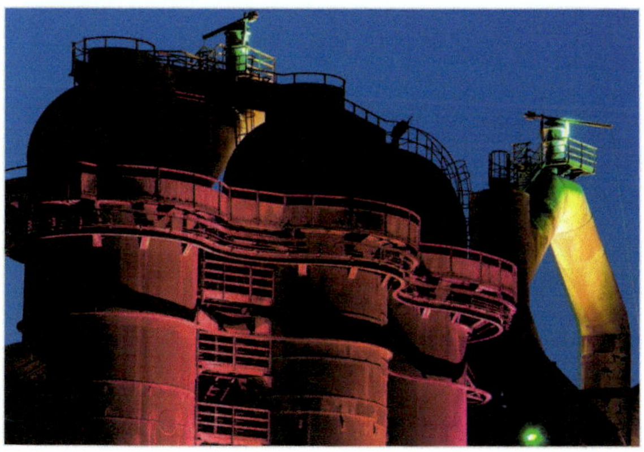

Bild 6.14 Eine alte Eisenhütte in der Abenddämmerung

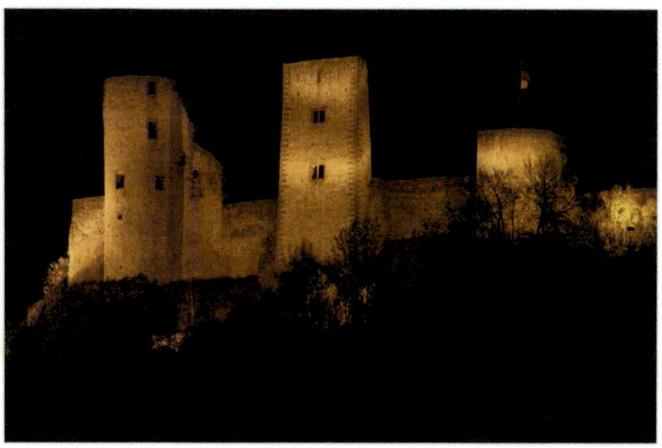

Bild 6.15 Beleuchtete Burgen sind beliebte Motive für Nachtaufnahmen

Ausstattung

- Das Wichtigste bei Nachtaufnahmen ist wieder das Stativ. Nachtaufnahmen erreichen die notwendige Helligkeit nur durch sehr lange Belichtungen und die werden nur dann scharf, wenn sie von einem Stativ aus erstellt werden.
- Praktisch ist für Nachtaufnahmen auch ein Fernauslöser. Ist dieser nicht vorhanden, tut es auch der Selbstauslöser.
- Falls Sie doch einen Knopf an Ihrer Kamera nicht finden können, einen Akku oder eine Speicherkarte wechseln müssen oder sonst irgendetwas Unvorhergesehenes passiert, ist es angenehm, eine Taschenlampe oder noch besser eine Stirnlampe dabei zu haben.
- Wie bereits in der Einleitung zu diesem Kapitel beschrieben, sind Sie bei Nachtaufnahmen oft lange unterwegs und abends wird es oft richtig kalt. Denken Sie an warme Kleidung. Bei meinen Workshops zum Thema Nachtaufnahmen mache ich immer wieder die Erfahrung, dass Teilnehmer die komplette Fotoausrüstung am Start haben und die dicke Jacke, die Handschuhe und die Mütze vergessen.

Kameraeinstellung

Es gibt verschiedene Programme, die für die Erstellung von Nachtaufnahmen benutzt werden können:

Programmautomatik
In der Programmautomatik wird die Kamera eine echte Langzeitbelichtung durchführen. Sorgen Sie dafür, dass die Kamera auf dem Stativ steht und lassen Sie die Kamera ruhig mehrere Sekunden belichten. Das Ergebnis wird eine klassische Nachtaufnahme sein. Klappen Sie den Blitz ein und achten Sie darauf, wo der Schärfepunkt liegt. Stellen Sie die ISO-Zahl auf 100. Damit vermeiden Sie, dass die Kamera die ISO-Zahl unnötig in die Höhe treibt.

Landschaftsprogramm
In diesem Motivprogramm wird die Belichtungszeit etwas kürzer ausfallen als in der Programmautomatik, weil die Kamera hier die ISO-Einstellung automatisch vornimmt. Stellen Sie die Kamera auch hier auf ein Stativ.

Programm „Nachtaufnahmen ohne Stativ"
Es gibt bei einigen Kameras ein spezielles Programm, das es ermöglicht, Nachtaufnahmen auch ohne Stativ zu erstellen. Das fotografische Prinzip besteht darin, dass die Kamera mehrere Bilder (meistens 3 oder 4) direkt hintereinander macht und die Lichtmenge aus den einzelnen Bildern addiert. Wenn Sie dieses Programm gewählt haben, lösen Sie einmal aus, die Kamera macht 3 - 4 Auslösungen, rechnet eine Zeit lang und Sie erhalten dann 1 Bild.

Übungen

Wenn Sie nachts unterwegs sind, gönnen Sie sich, wie bereits besprochen, den Luxus, zeitig vor Einsetzen der Dämmerung vor Ort zu sein.

- Schalten Sie zu Hause das Licht aus und versuchen Sie, Ihre Kamera bewusst so einzustellen, wie Sie es auch vor Ort tun werden.
- Schalten Sie in einem Zimmer Ihrer Wahl nur eine kleine Lichtquelle (z. B. eine kleine Schreibtischlampe oder eine Kerze) ein und erstellen Sie ein paar Aufnahmen mit den drei oben beschriebenen Programmen.
- Platzieren Sie die Kamera auf Ihrem Stativ und erstellen Sie das gleiche Motiv mit allen 3 oben genannten Programmen. Vergleichen Sie die Ergebnisse.

Was kann schiefgehen

Wie bereits oben beschrieben, lauern sämtliche Tücken der Dunkelheit auf Sie. Denken Sie an Ihre Stirn- oder Taschenlampe.

- Die Aufnahme kann trotz Stativ verwackelt sein. Denken Sie daran, den Selbstauslöser oder den Fernauslöser zu verwenden. Beim Auslösen mit der Hand erzeugen Sie eine Vibration an der Kamera.
- Die Aufnahme kann unter- oder überbelichtet werden. Es ist bei Nachtaufnahmen durchaus möglich, dass die Belichtung nicht genau Ihren Vorstellungen entspricht. Verändern Sie leicht den Bildausschnitt und platzieren Sie die Messfelder an einer anderen Position.
- Die Kamera stellt nicht scharf und löst nicht aus. Wenn Sie Ihren Autofokuspunkt in einem sehr dunklen Bereich platziert haben, ist eine Fokussierung nicht möglich. Verändern Sie den Bildausschnitt oder stellen Sie manuell scharf mit ausgeschaltetem Autofokus.
- Im Live-View stellt die Kamera nicht scharf. In dieser Betriebsart ist der Autofokus bei den meisten Kameras erheblich weniger leistungsfähig als beim Fotografieren durch den Sucher. Schalten Sie den Live-View Modus entweder aus oder stellen Sie manuell mit ausgeschaltetem Autofokus scharf.

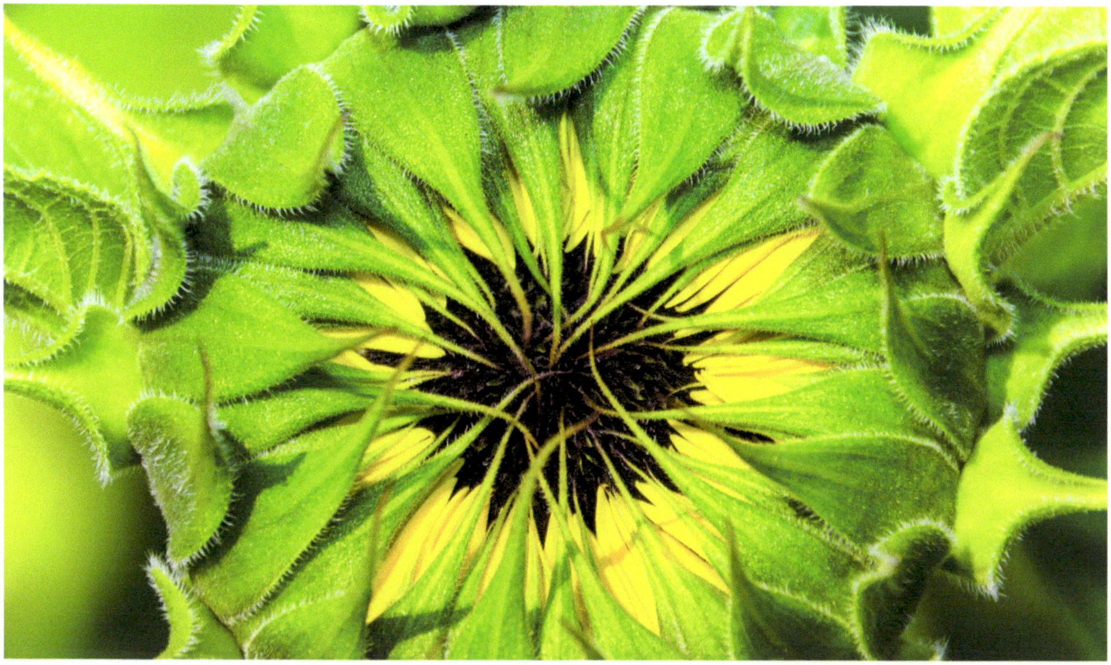

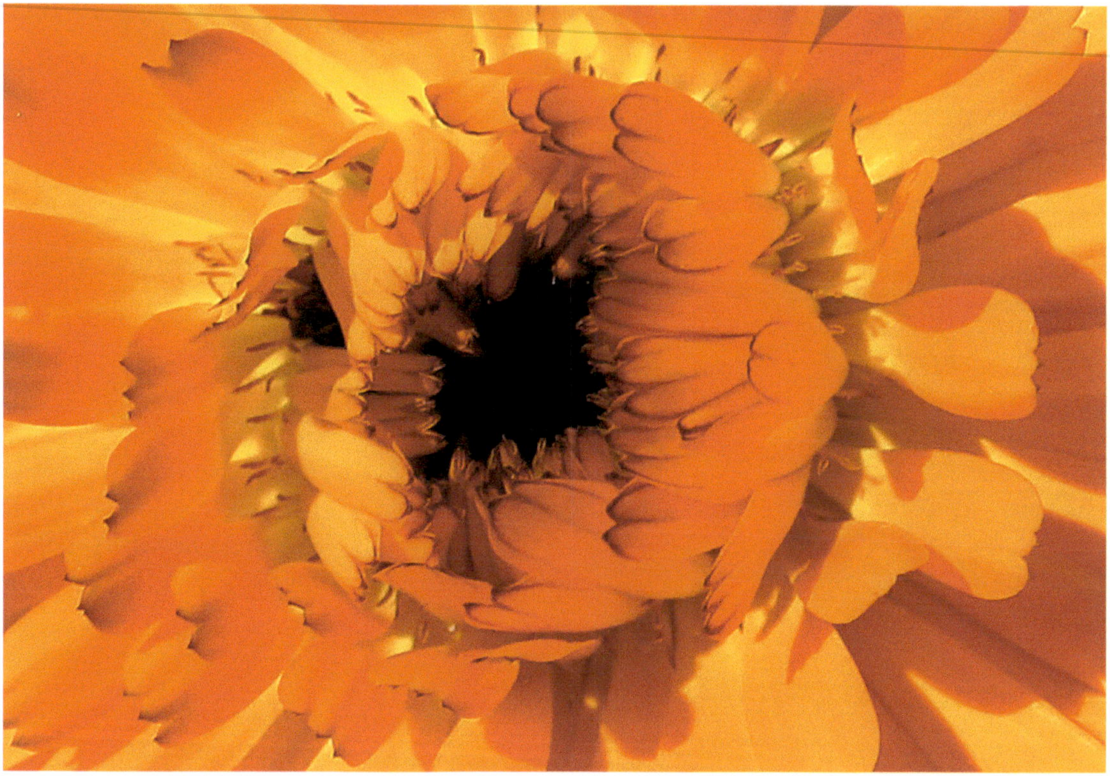

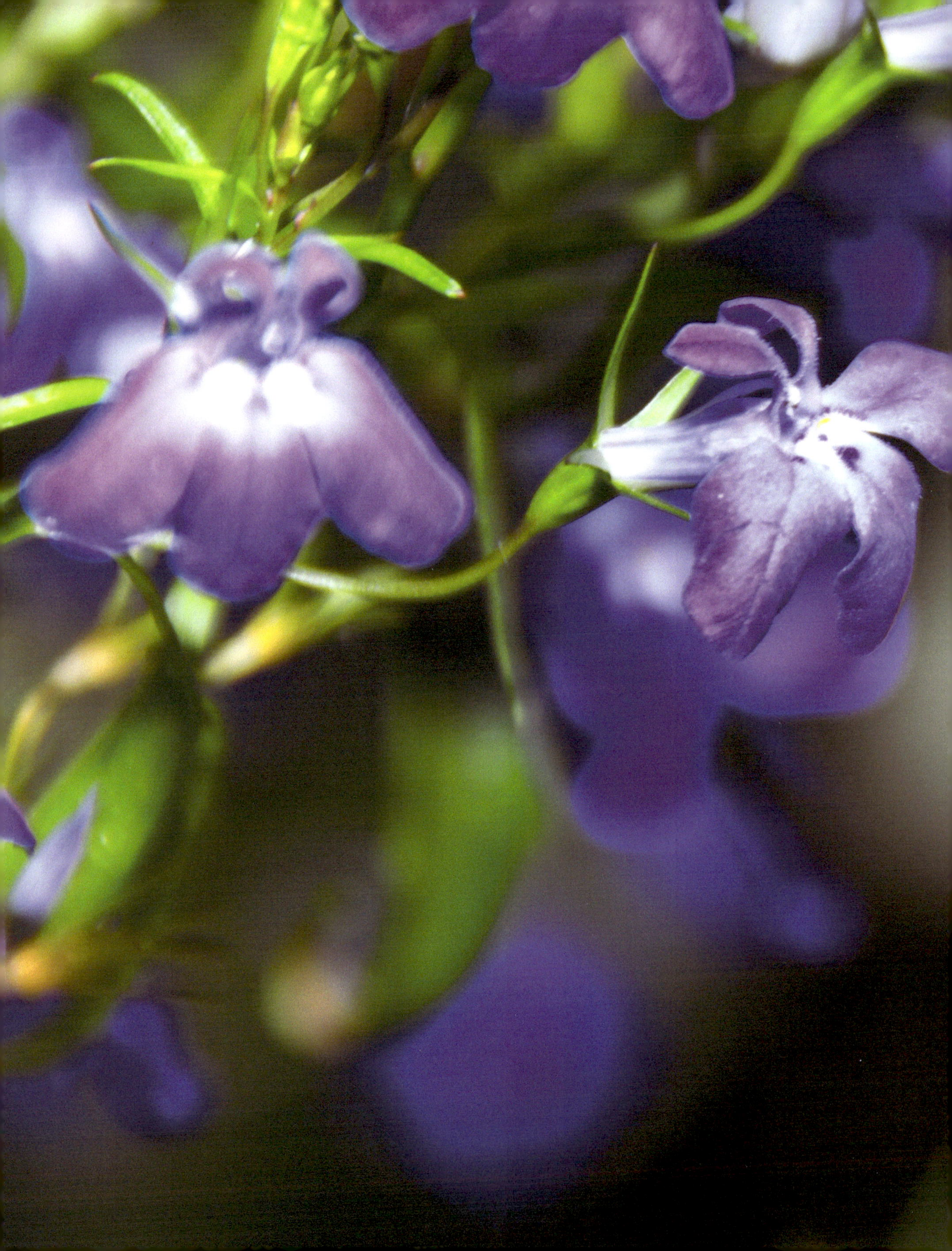

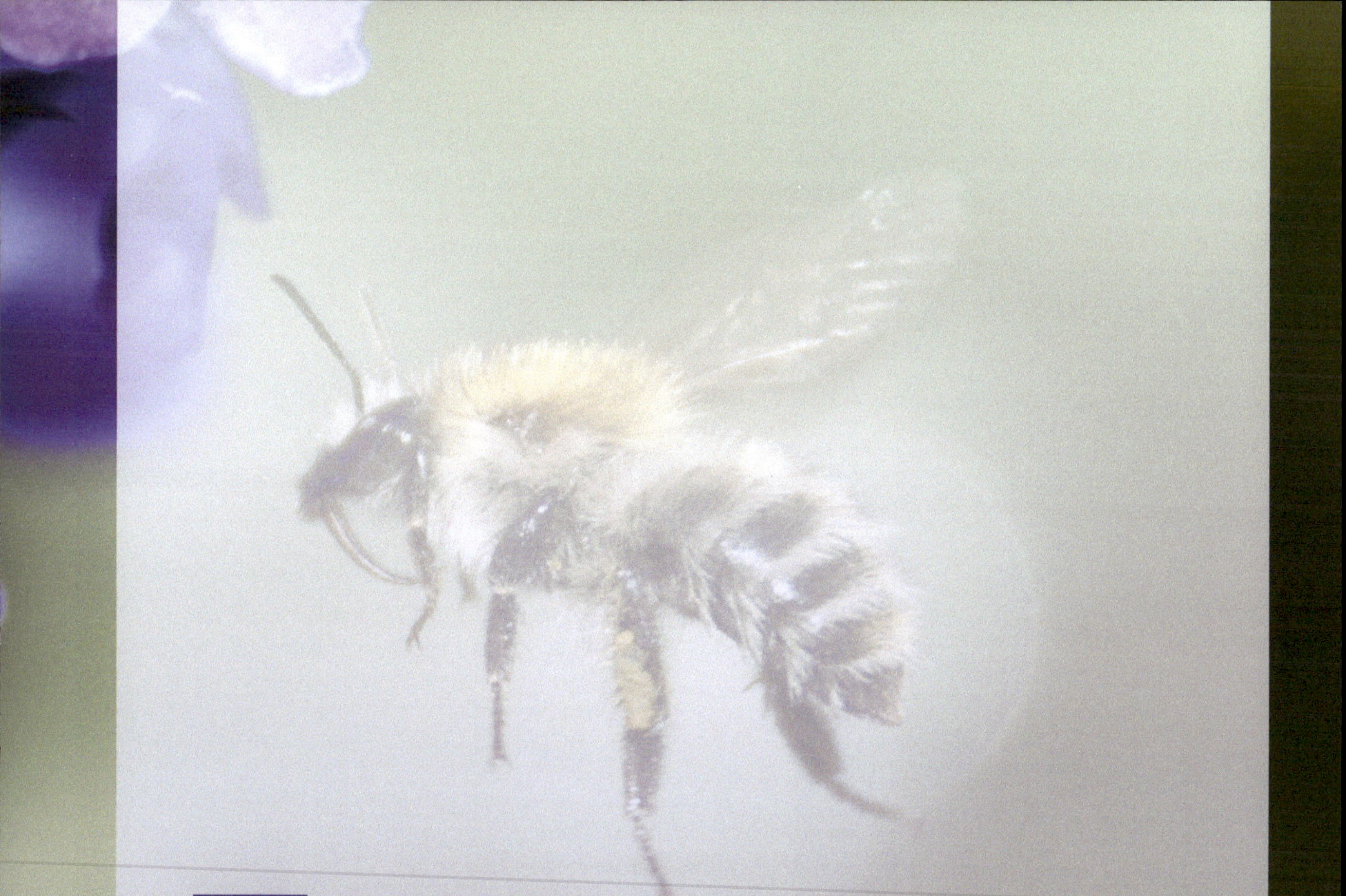

7 Fotos betrachten, verwalten und bearbeiten

Wie übertrage ich die Fotos von der Kamera auf den Computer? Wie ist es möglich, in der digitalen Bilderflut Ordnung zu halten und Bilder schnell zu finden? Und welche Programme stehen zur Bildverwaltung und Bildoptimierung zur Verfügung? Antworten zu diesen Fragen erhalten Sie in diesem Kapitel.

7.1 Bildwiedergabe und Übertragung

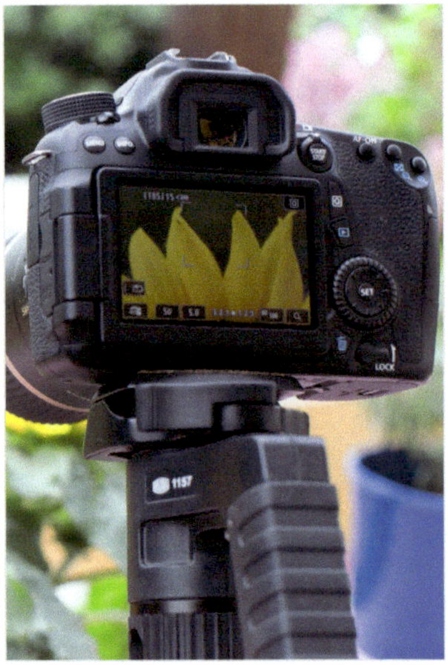

Bild 7.1 Um die Schärfe besser beurteilen zu können, vergrößern Sie die Darstellung bis zum Anschlag

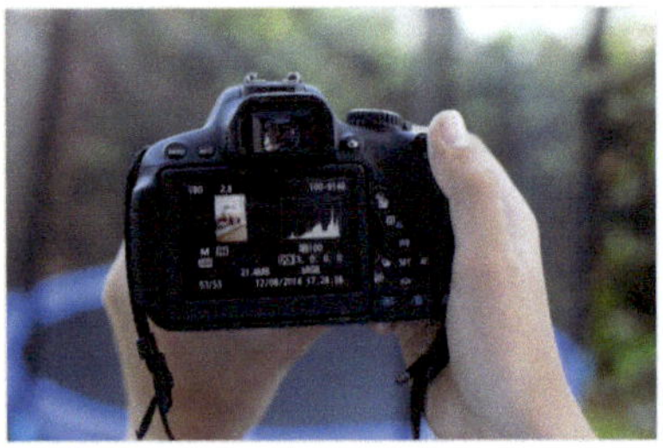

Bild 7.2 Anzeige eines Histogramms

Das Kamera-Display

Die unmittelbare Bildkontrolle ist eine der Schokoladenseiten der digitalen Fotografie. Hatte man in den analogen Zeiten oft Tage oder sogar Wochen zwischen Aufnahme und Entwicklung, so kann man heute das Bild sofort kontrollieren.

Die Größe des Displays verleitet jedoch oft zu Fehleinschätzungen. Viele meiner Seminarteilnehmer berichten, dass Sie während der Urlaubsreise Ihre Aufnahmen am Kameradisplay kontrolliert und für gut empfunden haben. Zuhause auf dem Bildschirm hat sich dann jedoch gezeigt, dass die Bilder nicht wirklich scharf waren. Und gegen wirklich unscharfe Bilder ist auch in der hochgelobten digitalen Bildbearbeitung kein Kraut gewachsen.

Wenn Sie also die Schärfe Ihrer Bilder annähernd beurteilen möchten, ist es empfehlenswert, bei der Bildbetrachtung auf dem Display die Lupenfunktion zu benutzen, um sich die relevanten Bildbereiche in möglichst großer Abbildung anzeigen zu lassen.

Für den versierten Benutzer, der eventuell erste Erfahrungen mit der digitalen Bildbearbeitung gesammelt hat, stellen die Hersteller auch die Anzeige eines Histogramms zur Verfügung. Es zeigt an, ob das Bild über- oder unterbelichtet ist. Die Zahlen, die im Wiedergabemodus im Display stehen, geben – auch zu Ihrer Kontrolle – Ihre verwendeten Einstellungen wieder.

Computer oder Fernseher?

Wenn Sie viele Fotos gemacht haben, ist natürlich die Spannung groß. Vielleicht waren Sie mit der Familie unterwegs und alle wollen die Bilder sehen. Neben der Möglichkeit, die Bilder auf den Computer zu kopieren und sich alle um diesen zu versammeln, gibt es auch andere praktische Alternativen.

Sofern Sie einen modernen Flachbildschirm besitzen und im JPG-Format fotografiert haben, können Sie die Speicherkarte eventuell direkt in den Fernseher einstecken und Ihre Werke in groß und bequem von der Couch aus betrachten. Sollten Sie keinen Fernseher mit Kartenleser besitzen, so bieten Ihnen viele

Kameras einen sogenannten HDMI-Ausgang, mit dem Sie die Kamera direkt an den Fernseher anschließen können. Diese Variante funktioniert auch mit Fotos im RAW-Format. Hinweise hierzu finden Sie in der Bedienungsanleitung.

Die Fernseh- und Kameraindustrie haben sich in Zeiten der drahtlosen Kommunikation auf einen Standard geeinigt, der es ermöglicht, die Bilder der Kamera über WLAN auf den Fernseher zu übertragen. Dieser Standard heißt DLNA. Voraussetzung hierfür sind die Netzwerkfähigkeit Ihrer Kamera und Ihres Fernsehers sowie die Unterstützung des DLNA-Standards auf beiden Geräten.

Große Präsentation am Beamer

Video-Beamer werden heute schon für relativ wenig Geld angeboten und es scheint ohne weiteres möglich, die eigenen Werke in Heimkino-Atmosphäre in atemberaubender Größe zu präsentieren. Die Lichtstärke dieser günstigen Geräte reicht aber bei weitem nicht aus, um die Bilder in einer guten Qualität wiederzugeben. Ein Gerät mit der erforderlichen Leistungsfähigkeit liegt preislich deutlich im vierstelligen Bereich. Wenn man berücksichtigt, dass die Lampe im Beamer ein Verschleißartikel ist, die mit mehreren Hundert Euro zu veranschlagen ist, so ist ein großformatiger Fernseher häufig eine sinnvollere Investition.

Kopieren der Fotos auf den Computer

Viele PCs und Laptops verfügen heutzutage über einen integrierten Kartenleser, der das Übertragen der SD-Karteninhalte ermöglicht. Im Handel sind auch externe Lesegeräte erhältlich, die mit dem Computer verbunden werden. Ansonsten können Sie zwischen Rechner und Kamera eine Kabelverbindung (USB auf Mini-USB) herstellen. Dieses Kabel sollte im Lieferumfang Ihrer Kamera enthalten sein.

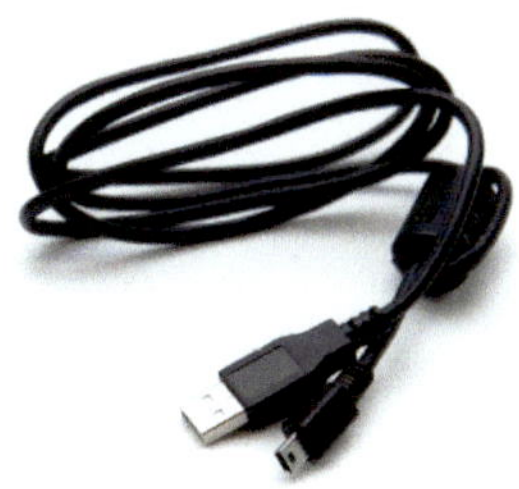

Bild 7.3 Verbindungskabel zwischen Kamera und Computer

Ist ein Bildverwaltungsprogramm auf Ihrem Rechner installiert, wie z. B. Adobe Photoshop Lightroom, erkennt dieses automatisch, dass eine Kamera an den Computer angeschlossen bzw. eine Speicherkarte eingelegt wurde. Dann regelt das Programm den Importvorgang Ihrer Bilder.

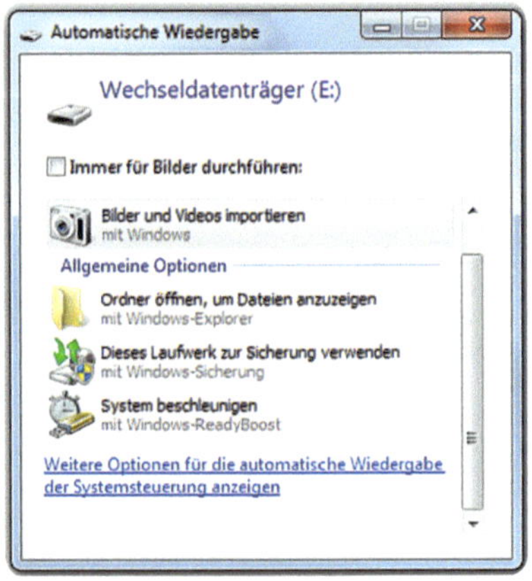

Bild 7.4 Automatische Wiedergabe auf einem Windows 7 Rechner

Übertragen der Fotos auf einen Rechner mit Windows 7

1. Sie erhalten nach Einstecken der Speicherkarte in das Kartenlesegerät oder Herstellen der Kabelverbindung und Einschalten der Kamera eine Meldung, dass Fotos importiert werden können.
2. Klicken Sie auf *Bilder und Videos importieren* und geben Sie im folgenden Dialogfenster ggf. eine Beschriftung ein.
3. Die Bilder werden standardmäßig in einen neuen Ordner importiert, der das aktuelle Datum als Ordnernamen erhalten hat. Dieser Unterordner befindet sich im Ordner *Eigene Bilder*. Sofern Sie eine Beschriftung vergeben haben, wird diese Bezeichnung sowohl im Ordnername (Datum, Bezeichnung) als auch im Dateinamen angezeigt.

Übertragen der Fotos auf einen Rechner mit Windows 10

1. Verbinden Sie die Kamera per Kabel mit dem PC und schalten Sie diese ein oder stecken Sie die Speicherkarte in das Kartenlesegerät, sofern Ihr Computer über ein solches verfügt.
2. Beim ersten Verbinden der Kamera oder der Speicherkarte mit dem Laptop erhalten Sie in der rechten unteren Ecke des Desktops eine Meldung. Um fortzufahren, klicken Sie diese an und wählen dann *Fotos und Videos importieren*. Die zu importierenden Bilder werden in der App *Fotos* angezeigt. Wenn Sie das nächste Mal Bilder von Ihrer Kamera importieren, wird sofort die App *Fotos* geöffnet.

Hinweis! Sie müssen beim Importieren von Bildern nicht mit der App Fotos arbeiten. Es gibt auch andere Möglichkeiten, deren Erläuterung hier allerdings zu weit führen würde. Deshalb beschränke ich mich auf eine Möglichkeit.

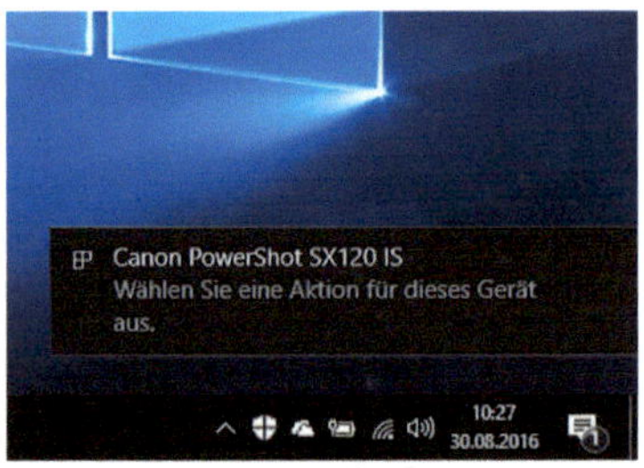

Bild 7.5 Meldung auf dem Deskotp

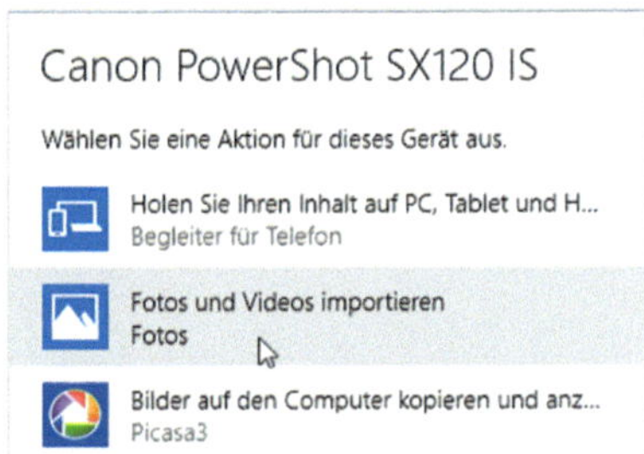

Bild 7.6 Fotos und Videos importieren

3. Mit Klick auf *Alle auswählen* werden alle Bilder eines Aufnahmezeitraums ausgewählt. Im nächsten Fenster klicken Sie rechts unten auf die Schaltfläche *Weiter* und anschließend

auf *Importieren*, um die ausgewählten Bilder auf die Festplatte zu kopieren.

4 Standardmäßig werden beim Import im Ordner *Bilder* für jeden Aufnahmezeitraum bzw. Monat Unterordner angelegt und die importierten Bilder hier gespeichert. Mit Klick auf *Importieren* starten Sie zuletzt den Import.

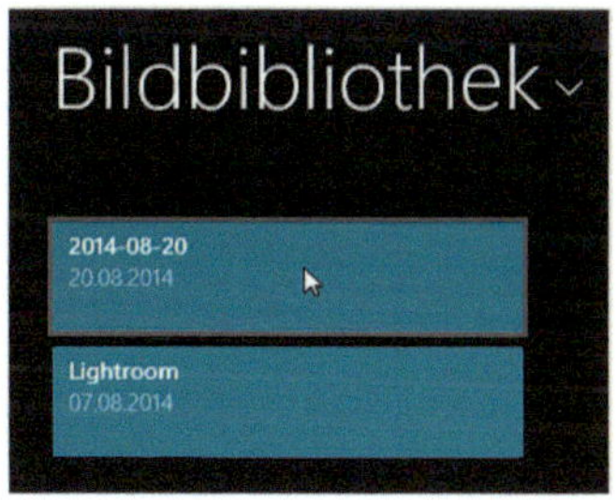

Zum Betrachten der Fotos auf Ihrem PC benötigen Sie spezielle Programme. Für einen Windows 7 - Rechner ist das z. B. das Programm *Windows Fotoanzeige*. Ein Windows 10 Rechner verwendet darüber hinaus die App *Fotos*, diese verfügt zusätzlich über einfache Tools zur Bildbearbeitung.

Sowohl für die Speicherkarte im Lesegerät als auch für die über Kabel mit dem PC verbundene Kamera gilt, dass die Verbindung der Geräte unterbrochen werden sollte. Dazu klicken Sie rechts unten auf dem Desktop auf das Symbol *Hardware sicher entfernen und Medium auswerfen* und anschließend auf die entsprechende Schaltfläche. Bei einer Verbindung mit der Kamera schalten Sie diese aus. Damit ist die Verbindung ebenfalls unterbrochen.

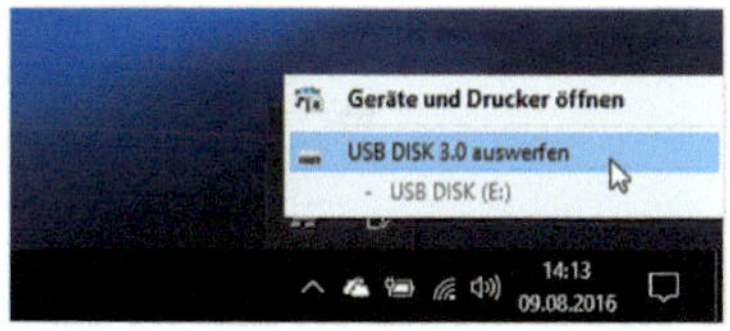

Bild 7.7 Gerät und Computer trennen

Übertragen der Fotos auf einen Apple Rechner mit OS X

1 Verbinden Sie die Kamera per Kabel mit dem Mac und schalten Sie diese ein oder stecken Sie die Speicherkarte in das Kartenlesegerät.

2 Sofern auf Ihrem Mac *iPhoto* vorinstalliert ist, öffnet sich standardmäßig diese Software und zeigt Ihre Fotos zum Import an. Sollte das Programm nicht vorinstalliert sein, können Sie es im Internet herunterladen.

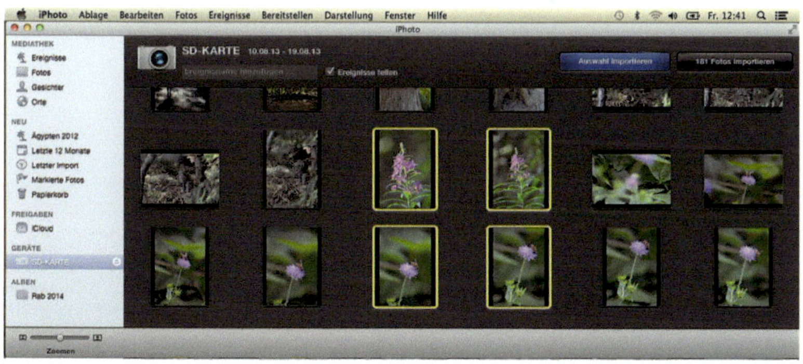

Bild 7.8 Programm iPhoto auf dem Mac

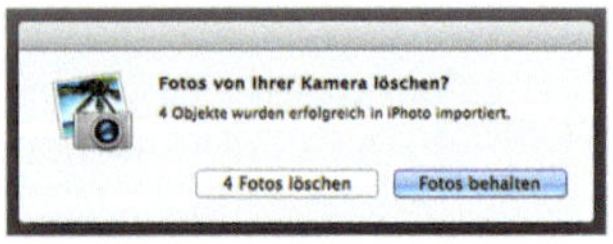

Bild 7.9 Fotos von der Kamera löschen

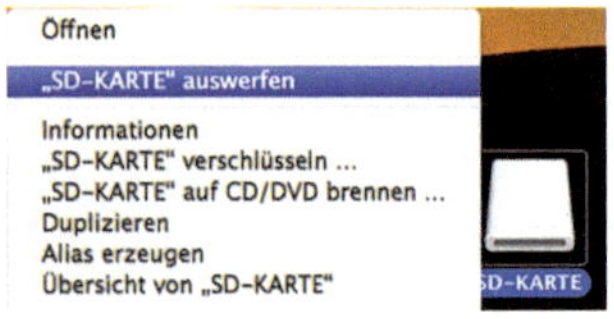

Bild 7.10 SD-Karte auswerfen

3 Wollen Sie alle Bilder der Speicherkarte importieren, klicken Sie auf *Fotos importieren*, ansonsten wählen Sie die gewünschten Bilder aus und klicken auf *Auswahl importieren*. Ob Sie die importierten Fotos von der Kamera löschen oder behalten wollen, können Sie in einem Dialogfenster auswählen, welches sich nach dem Import automatisch öffnet. Ihre importierten Fotos werden Ihnen in der iPhoto-Mediathek in den Rubriken *Ereignisse* und *Fotos* in unterschiedlicher Darstellungsweise angezeigt.

4 Nachdem Sie Ihre Bilder auf den Mac übertragen haben, entfernen Sie die Speicherkarte bzw. Kamera, indem Sie auf Ihrem *Schreibtisch* mit einem Rechtsklick auf das Icon der SD-Karte die Option *„SD-Karte" auswerfen* wählen.

7.2 Bildverwaltung

Nutzung von Programmen zur Sortierung

Die Softwareindustrie hält vielfältige Angebote bereit, um Ihre Bilder in ein mehr oder weniger sinnvolles Ordnungssystem einzusortieren. Solche Programme werden bei einigen Herstellern mit der Kamera ausgeliefert, aber auch kameraunabhängige Lösungen sind auf dem Markt erhältlich. So bieten unter anderem Adobe Photoshop Elements oder Google Fotos zahlreiche Funktionen zum Sortieren Ihrer Fotos an.

Bei der Nutzung einer solchen Software wird beim ersten Öffnen ein Vorgang gestartet, der Ihren gesamten Computer durchforstet und dann programmintern einen strukturierten Zugriff gewährleistet. Oft sind meine Seminarteilnehmer verunsichert nach einer solchen Sortierung und haben verschiedenste Fragen, die pauschal nur schwer zu beantworten sind.

- Wo liegen denn jetzt meine Bilder?
- Habe ich jetzt alle meine Bilder doppelt?
- Verändert die Software meine Ordnerstruktur?
- Was ist denn, wenn ich die Software deinstalliere?
- Wo werden meine bearbeiteten Fotos gespeichert?

Hier hat jeder Softwareanbieter seine eigenen Programmroutinen. Es empfiehlt sich daher, die Programmdokumentationen genau zu studieren.

Der Vorteil von solchen Angeboten liegt auf der Hand. Ohne großes Zutun Ihrerseits wird eine Sortierung, in der Regel nach Datum, durchgeführt. Das bietet sich vor allem dann an, wenn auf dem Computer bereits ein großes Bilderchaos herrscht. Hierbei sollten je nach Bildermenge und Rechnergeschwindigkeit durchaus lange Rechenzeiten einkalkuliert werden.

Insbesondere die weiteren Sortierfunktionen mancher Programme bieten die Möglichkeit, neben der starren Zuordnung zu Ordnern, weitere Kriterien festzulegen. Sie können Ihre Bilder mit Stichworten versehen, den Aufnahmeort hinzufügen oder mit Farbmarkierungen ein zusätzliches Ordnungssystem einfügen. Ihr Bildbestand kann nach diesen Informationen gefiltert werden, z. B. „alle Bilder anzeigen, die in München aufgenommen wurden". Natürlich ist damit auch ein zusätzlicher Arbeitsaufwand verbunden, der sich sicherlich nur lohnt, wenn Sie einen großen Bildbestand organisieren.

Der Nachteil besteht in einer gewissen Abhängigkeit. Sollten Sie sich irgendwann entschließen, ein anderes Bildbearbeitungs- oder Bildverwaltungsprogramm zu benutzen, so ist Ihre gewohnte Struktur weg. Oft ist auch nicht ganz klar, wo die Bilder abgelegt wurden und eine Datensicherung gestaltet sich teilweise umständlich und schwierig.

Vorschläge für ein eigenes Ordnungssystem

Wer weitestgehend unabhängig sein will von der Softwareindustrie, kann sich aber durch ein paar einfache Maßnahmen auf seinem Computer ein Ordnungssystem schaffen, welches praktikabel und leicht zu bedienen ist.

Bevor wir uns dieses Ordnungssystem im Detail anschauen, sollten wir uns über ein paar Fragen Gedanken machen: Zunächst sollte uns beschäftigen, nach welchen Kriterien Ihre Bilder sortiert und abgelegt werden könnten. Typische Antworten meiner Teilnehmer auf diese Frage sind:

- nach Personen (Familienmitgliedern)
- nach Anlässen
- nach Reisen

Die Begründung für eine solche Herangehensweise erscheint beim ersten Blick einleuchtend und sinnvoll. Werden Bilder von der Tochter gesucht, so schaut man in den Ordner für die Person „Tochter“. In der Praxis ist dieser Weg jedoch aus folgenden Gründen untauglich:

Was passiert, wenn Sie Ihre Tochter an Weihnachten fotografieren? Wo legen Sie das Bild dann ab? Oder schlimmer noch, wo speichern Sie das weihnachtliche Gruppenfoto? Nach dieser Methode müsste jedes Bild mehrfach an verschiedenen Stellen abgelegt werden. Daraus würde ein unglaublich großes und unübersichtliches digitales Bildermeer entstehen. Das Überspielen der Daten auf den Computer wird so zu einer Zerreißprobe für Ihre Nerven. Sie müssen für jedes Bild eine Entscheidung treffen und schlimmer noch, sich später auch an die Entscheidung erinnern. Denn nicht das Ablegen ist das Problem, sondern das Wiederfinden.

Ich denke, es ist nachzuvollziehen, dass hier eine praktikablere Lösung gefunden werden muss. Die Frage ist: Was ist ein eindeutiges Kriterium?

Im Grunde ist nur das Datum einer Aufnahme eindeutig. Warum also nicht alle Bilder, die am selben Datum entstanden sind, in einem Ordner zusammenfassen. Lassen Sie uns noch einmal zu unserem besinnlichen Weihnachtsfest zurückkehren. Wenn Sie Bilder zu diesem Ereignis suchen, so wird Ihnen das Jahr zumindest ungefähr in Erinnerung sein. Weihnachten findet bekanntlich im Dezember statt. Und schon sind Sie am richtigen Ort und haben die Bilder, die Sie gesucht haben.

Ein praktischer Vorteil einer datumsorientierten Bilderverwaltung ist die schnelle und unkomplizierte Übertragung aller Bilder in einen Ordner. Keine Sorge, wenn Sie nicht nach jedem Spaziergang Ihre Bilder auf den Computer übertragen. Sie werden später anhand des Datums der Übertragung trotzdem noch einen groben Überblick haben. Ich möchte Ihnen jedoch an dieser Stelle den Rat geben, nach jeder Fototour die Bilder zu sichern. Erstens haben Sie Ihre Karte wieder frei, zweitens haben Sie Ihre Bilder auf der Festplatte gesichert und drittens haben Sie später eine feinere Unterscheidungsmöglichkeit beim Stöbern in Ihren Bildern.

So gehen Sie vor:

- **Ordnername:** Glücklicherweise sind wir in den heutigen Betriebssystemen nicht mehr auf 8 Zeichen bei der Ordnerbenennung begrenzt. Das bietet die Möglichkeit, nach dem Datum noch einen Kommentar in den Ordnernamen aufzunehmen. So ist das Auffinden von Bildern noch eine Spur einfacher. Der Ordner könnte also heißen: *2013-12-27 Weihnachten Berghütte*. Die Schreibweise der Datumsangabe erfolgt sinnvollerweise in dem Format, mit dem Computer am besten umgehen können: Zuerst das Jahr, dann der Monat und dann der Tag. So wird automatisch bei der alphabetischen Sortierung dafür gesorgt, dass zunächst nach Jahren und dann nach Monaten sortiert wird.

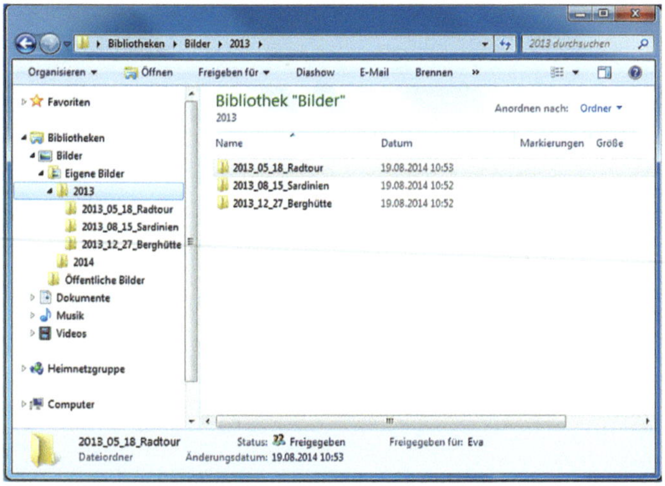

Bild 7.11 Darstellung einer möglichen Ordnerstruktur im Windows Explorer (Betriebssystem Windows 7)

- **Ordner und Unterordner:** Um die Übersichtlichkeit zu verbessern, können Sie sich für jedes Kalenderjahr einen Ordner anlegen und in diesem dann für jeden Übertragungsvorgang einen Unterordner anlegen.

Fazit

Ich benutze diese Methode seit vielen Jahren und bin damit sehr zufrieden. Als Familienvater mit sechs Kindern genieße ich es, neben meiner beruflichen Tätigkeit als Fotograf, einfach mal drei Jahre zurückzuschauen. Hier sieht man, wie die Kinder sich entwickelt haben, wie wir uns entwickelt haben und wie unser Haus sich an die jeweiligen Lebensphasen angepasst hat. Deshalb kann ich diese Art der Speicherung nur empfehlen.

7.3 Datensicherung

Was passiert im Fall der Fälle? Ihre über Jahre hinweg gesammelten und strukturiert abgelegten Fotos werden durch Schadsoftware, einen Wasserschaden oder einen Festplatten-Defekt zerstört. Wo haben Sie Ihre Daten zusätzlich gesichert?

Oft scheitert eine vernünftige Datensicherung daran, dass es zu mühevoll und zeitaufwendig ist, die ganzen verstreuten Werke auf der Festplatte zusammenzusuchen. Sollten Sie das Konzept von oben benutzen, so ist Ihre Datensicherung in wenigen Minuten passiert. Wenn Sie das Jahr 2013 sichern wollen, so kopieren Sie den Ordner 2013 einfach auf ein zweites Medium.

Jetzt stellt sich die Frage, auf welches Medium man die Daten speichert. Generell streiten sich die EDV-Experten darüber, ob man auf externe Festplatten oder auf Datenträger wie CD/ DVD/ BluRay sichern sollte.

- Vorteil der externen Festplatten ist die große Kapazität. Nachteil ist die Anfälligkeit gegen Schadsoftware, weil die Daten offen vorliegen.
- Vorteil von CD / DVD / BluRay ist der Schreibschutz. Sind die Rohlinge einmal gebrannt und abgeschlossen, können die Daten nicht mehr verändert werden. Nachteilig ist, dass diese Medien nur eine begrenzte Lebendsdauer haben.

Wenn Sie es perfekt machen wollen, nutzen Sie beide Technologien. Aber eine Variante sollte es schon sein, denn ein Datenverlust kann immer passieren und kommt meist ohne Voranmeldung.

„In der Cloud speichern“ bedeutet, dass die Daten nicht auf der eigenen Festplatte gespeichert werden, sondern auf einem fremden Server.

Diverse Anbieter wie Microsoft, Apple oder Google stellen dem Anwender eine Cloud zur Verfügung, um die Daten dort abzulegen. Die Nutzung einer Cloud stellt mehrere Funktionen zur Verfügung.

- Aufgrund der Speicherung der Daten auf dem Server des Anbieters hat der Anwender von jedem internetfähigen Gerät jederzeit Zugriff auf alle Daten. Dadurch können Bilder sowohl auf dem stationären PC als auch auf dem Smartphone oder Tablet-PC angeschaut werden,
- Durch das zusätzliche Speichern in der Cloud gibt es eine zusätzliche Datensicherung Ihrer Bilder.

- In manchen Clouds gibt es auch die Option, Bilder in einer öffentlichen Galerie für Freunde und Bekannte oder sogar für die Öffentlichkeit zugänglich zu machen. Beachten Sie in diesem Fall bitte die Persönlichkeitsrechte und holen Sie eine schriftliche Genehmigung aller abgebildeten Personen bzw. aller abgebildeten Firmenlogos ein.

Die Speichergröße, die Ihnen in der Cloud zur Verfügung steht, variiert. Es ist also vorher zu prüfen, ob es Sinn macht, alle Bilder in der Cloud abzulegen.

7.4 Bilder am PC bearbeiten

Im Lieferumfang Ihrer Kamera befindet sich in der Regel eine CD mit Software. Bestandteil dieser Software ist neben Treibern meist auch ein kleines Bildbearbeitungsprogramm, das Ihnen die Weiterverarbeitung Ihrer Werke am Computer erleichtert. Diese kameraspezifischen Programme sind oft beim Übertragen behilflich und bieten die wichtigsten Korrekturfunktionen, die Anpassung der Helligkeit, der Farben oder des Bildausschnitts.

Die Bedeutung der Bildbearbeitung ist heute extrem groß und die Industrie hält auch hier ein breites Spektrum an Angeboten für Sie bereit. Im Zeitalter der analogen Fotografie war der Fotograf darauf angewiesen, seine Bilder beim Fotografieren nahezu perfekt zu belichten und die Möglichkeiten in der Entwicklung waren im Vergleich zu heute rudimentär.

Ich möchte Ihnen gerade zu Anfang Ihrer fotografischen Aktivitäten dazu raten, die Bildnachbearbeitung beim Fotografieren außer Acht zu lassen. In meinen Photoshop-Kursen berichten Teilnehmer bei der Vorstellung sehr oft, dass ihre Fotos nicht so gut sind und dass sie sich freuen, jetzt im Kurs zu lernen, wie sie diese mit Photoshop retten. An dieser Stelle muss ich dann sehr oft Illusionen zerstören und klar machen, dass die Bildbearbeitung dazu in der Regel nicht geeignet ist.

Vielmehr geht es in der Bildbearbeitung darum, kleine Korrekturen oder Retuschearbeiten an einem korrekt aufgenommenen Bild vorzunehmen. Unscharfe Bilder bleiben unscharf! Es gibt zwar leichte Möglichkeiten des Nachschärfens, hierzu muss jedoch bereits eine gewisse Grundschärfe im Bild vorhanden sein.

Wie bereits erwähnt, gibt es eine Vielzahl an Programmen im Bereich der digitalen Bildbearbeitung. Ich möchte Ihnen nachfolgend einige kurz vorstellen und Ihnen einen Eindruck ihrer Schwerpunkte vermitteln.

Google Fotos

Hierbei handelt es sich um eine kostenlose Software aus dem Hause Google. Um die Software zu nutzen, benötigen Sie einen Google-Account. Nach der Anmeldung können Sie u. a. folgende Funktionen nutzen.

- Es wurde einerseits Wert darauf gelegt, die einfachsten und gängigsten Funktionen der Bildbearbeitung benutzerfreundlich und leicht bedienbar zur Verfügung zu stellen.
- Andererseits hilft das Programm auch bei der Verwaltung Ihrer Fotos. Durch die Ordnungsfunktion strukturiert Google Ihre Bilder in automatisiert erzeugte Alben (z. B. Dinge, Orte etc.). Ähnlich praktisch gestaltet sich die clevere Stichwort-Suche. Geben Sie ein Stichwort, ohne einem Bild vorher ein Stichwort vergeben zu haben, in die Suchleiste ein, scannt das Programm alle Bilder und zeigt die Ergebnisse in einer Liste an.
- Da Google Fotos eine Online-Cloud integriert hat, ist es möglich, Fotos auf einem Google-Server zu speichern. Es kann also immer und überall auf die eigenen Bilder zugegriffen werden.
- Google Fotos bietet also ein breites Spektrum an grundlegenden Funktionen, die die einfachsten und wichtigsten Aufgaben der Bildbearbeitung wie Anpassung von Helligkeit und Kontrast oder sonstige Farbkorrekturen abdecken. Eine Schieberegler erleichtert die Feinabstimmung. Auch die Erstellung von Schwarz-Weiß-Bildern oder Sepia-Motiven ist hier ohne großen Aufwand möglich. Klicken Sie durch die Auswahl und finden Sie den passenden Filter. Wollen Sie sich nicht zu lange mit der Feinabstimmung aufhalten, wählen Sie den Button *Auto* und die Schieberegler werden neu und stimmig angeordnet.
- Um Ihre Bilder zu präsentieren, ist eine Funktion integriert, mit der Sie eine Dia-Show als Film erstellen können. Ohne großen Zeitaufwand erledigt Google Fotos das Umwandeln Ihrer ausgewählten Fotos in einen Film und bietet Ih-

nen die Möglichkeit, eine Hintergrundmusik einzubinden. Bitte beachten Sie bei Veröffentlichung das Urheberrecht und bedenken Sie eventuell anfallende GEMA-Gebühren.

- Einige praktische Zusatzfunktionen runden den Funktionsumfang ab. So ermöglicht es die Teilen-Schaltfläche, Bilder per Facebook, WhatsApp etc. oder E-Mail zu versenden, oder einen Link zu bestimmten Bildern zu vergeben. Außerdem können Sie Fotoalben erstellen und diese anderen Personen online zur Verfügung stellen. Die eingeladenen Personen können dann sogar weitere Bilder hinzufügen und das Album komplementieren. Sollten Sie solche Funktionen nutzen, so versichern Sie sich gegebenenfalls schriftlich, dass Personen, die auf Ihren Fotos abgebildet sind, mit der Veröffentlichung einverstanden sind. Gleiches gilt übrigens auch für eingetragene Marken und Logos.

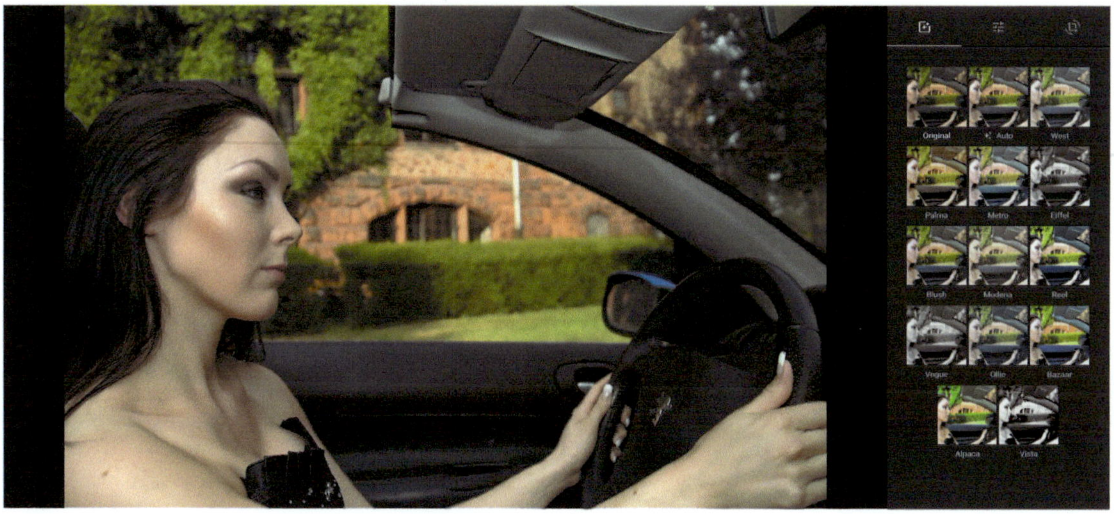

Bild 7.12 Google Fotos mit Schaltflächen zum Farbfilter

GIMP

Ebenfalls kostenlos erhältlich ist die Open-Source Software GIMP. Die Entwicklergemeinschaft bietet einen sehr großen Funktionsumfang an. Hier geht es nicht wie bei Google Fotos darum, einfache Dinge schnell zu erledigen. Vielmehr lautet das Motto: Was ist mit dem Bild möglich.

- Der Benutzer erhält ein mächtiges Werkzeug, was jedoch der Einarbeitung bedarf.
- Wer sich in das Programm „hineingekämpft“ hat, wird mit einer Vielzahl von ausgefeilten Möglichkeiten belohnt.
- Es steht sogar ein Modul zur RAW-Entwicklung bereit.

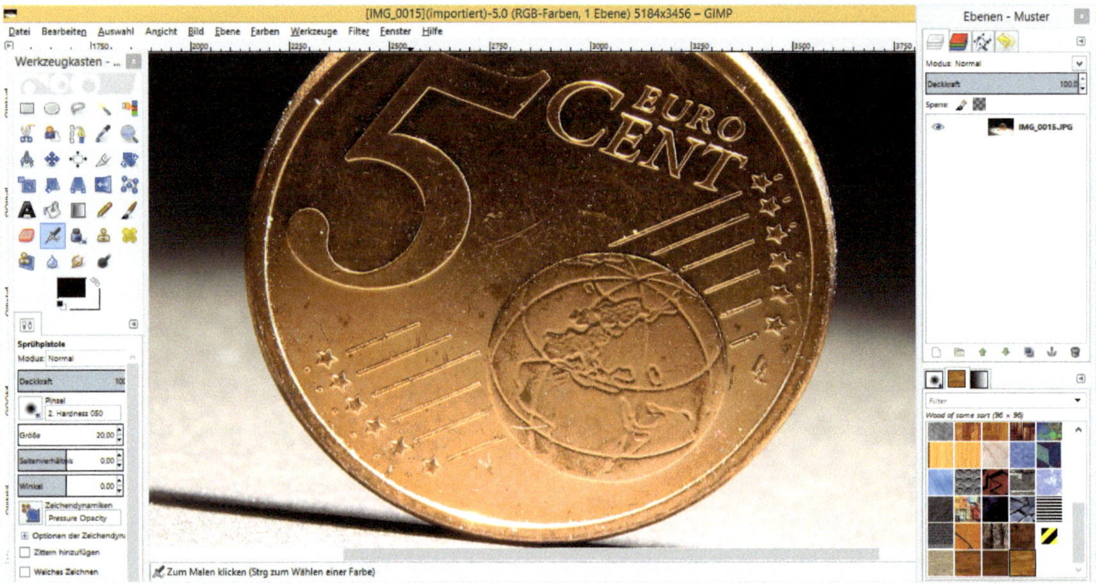

Bild 7.13 GIMP - großer Funktionsumfang

GIMP richtet sich an computerversierte Fotografen, die an die Arbeit mit vielen geöffneten Fenstern und Paletten gewöhnt sind. Oft werden Vergleiche zwischen GIMP und dem Platzhirsch der Bildbearbeitung Adobe Photoshop gezogen. Auf jeden Fall ist GIMP ein Werkzeug, das viele Dinge gut erledigen kann.

Fotogalerie von Microsoft

Die Fotogalerie (auch Photo Gallery) stellt verschiedene Funktionen zur Anzeige, Verwaltung und Bearbeitung von Fotos zur Verfügung. Es handelt sich dabei um eine kostenlose Software der Firma Microsoft, welche von deren Homepage heruntergeladen werden kann.

Im Bildbearbeitungsbereich können Fotos verbessert und mit Effekten versehen werden. Mit der Fotogalerie können allerdings auch schnell Collagen erstellt oder Fotos im Internet veröffentlicht werden.

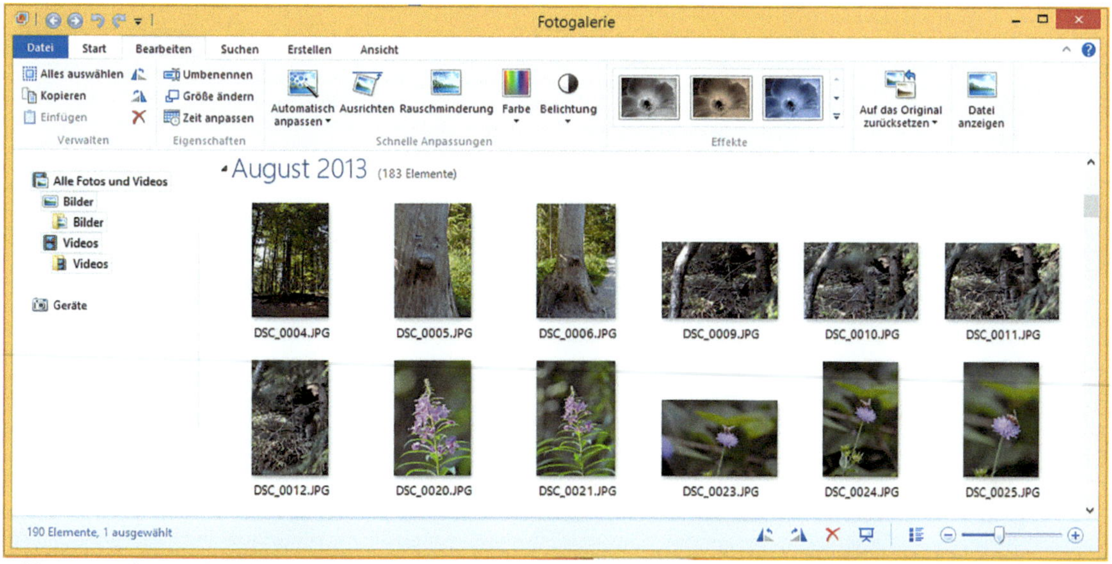

Bild 7.14 Bearbeitungsbereich Fotogalerie

Photoshop Elements

Hierbei handelt es sich um ein kostenpflichtiges Produkt. Der Preis liegt je nach Version zwischen 30 bis 100 Euro. Mit dem Namen Photoshop Elements möchte die Firma Adobe zeigen, dass das Produkt die elementaren Funktionen des großen Bruders Adobe Photoshop enthält.

Was bekommt man für sein Geld? Ähnlich wie bei Google Fotos stehen auch hier zwei Bereiche zur Verfügung. Neben der klassischen Bildbearbeitung gibt es ein Katalogsystem, welches eine Sortierung und Verwaltung der Bilder anbietet.

Im Bereich der Bildbearbeitung erkennt man jedoch sehr schnell die Handschrift des Marktführers. Das Bedienkonzept entspricht exakt dem des Flaggschiffes Adobe Photoshop.

Der Funktionsumfang ist um ein Vielfaches größer als bei Google Fotos und die Funktionen, die zur Verfügung stehen, können sehr fein dosiert angewendet werden. Mit Photoshop Elements sind alle gängigen Arbeitsschritte der Bildbearbeitung zu bewerkstelligen. Vorgefertigte Design-Elemente wie Rahmen oder Strukturen sind behilflich bei der Bearbeitung Ihrer Fotos oder bei der Erstellung von Online-Galerien und Präsentationen.

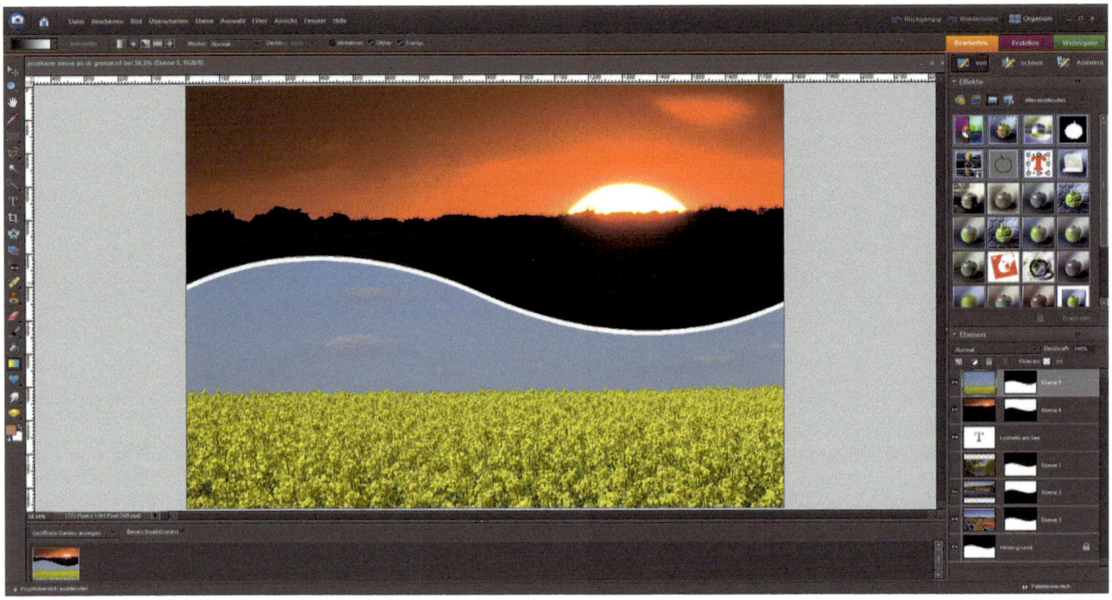

Bild 7.15 Photoshop Elements mit großem Funktionsumfang

Adobe Photoshop

Die Vollversion des wohl erfolgreichsten und bekanntesten Bildbearbeitungsprogramms beherrscht nach wie vor den Markt im Profibereich und bei versierten Amateurfotografen. Der Funktionsumfang wird selbst im Studio-Alltag kaum ausgenutzt und wächst ständig weiter.

Durch den direkten Zugriff auf bildrelevante Faktoren wie die einzelnen Farbkanäle bietet die Software dem versierten Benutzer alle Möglichkeiten, seine Ideen umzusetzen. Unterscheidungspunkte zu den vorher genannten Programmen sind neben dem weitaus größeren Funktionsumfang, die Möglichkeiten zur Automatisierung, die die Bearbeitung von vielen Bildern mühelos bewältigt.

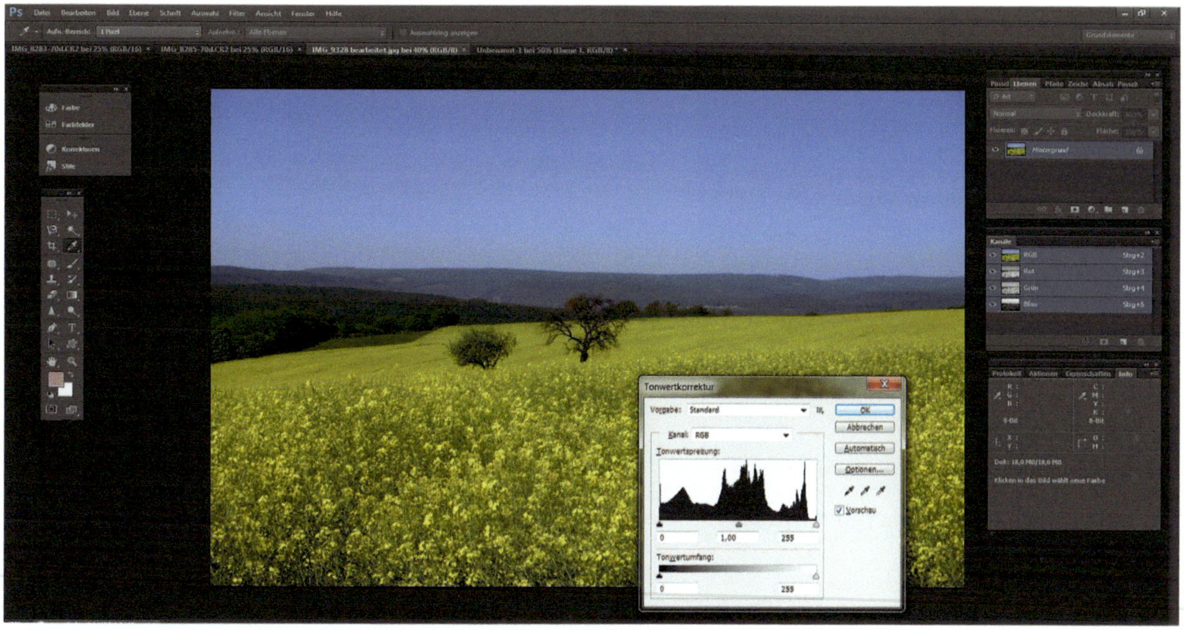

Bild 7.16 Adobe Photoshop CS6 die Profisoftware im Berreich der digitalen Bildbearbeitung

In den letzten Jahren erfreut sich diese große Vollversion auch im Bereich der Hobbyfotografen einer großen Beliebtheit. Die zurzeit neueste Version Photoshop CC (2017) ist nur im Abonnement, nicht jedoch als Kaufversion erhältlich.

Lightroom

Lightroom wird ebenfalls von Adobe hergestellt und dient der Verwaltung und Bearbeitung Ihrer Fotos. Darüberhinaus können mit Lightroom Diashows oder Webgalerien zusamengestellt werden. Die aktuelle Version erhalten Sie als Kaufversion oder im Abonnement. Im Abonnement ist zusätzlich die Nutzung von Lightroom mobile auf einem iPad oder iPhone möglich. Damit können Bilder zwischen Rechner und iPad / iPhone synchronisiert werden.

iPhoto

Die Bildverwaltungssoftware iPhoto für Mac OS X stellt neben einer übersichtlichen Verwaltung auch einfache Funktionen zur Bildbearbeitung zur Verfügung. Wenn die Software noch nicht auf Ihrem Gerät vorinstalliert ist, kann Sie über den Apple-Store heruntergeladen werden. Im Bildbearbeitungsbereich können Sie Ihre Fotos mit verschiedenen Effekten versehen, einfache Korrekturen und auch speziellere Anpassungen vornehmen.

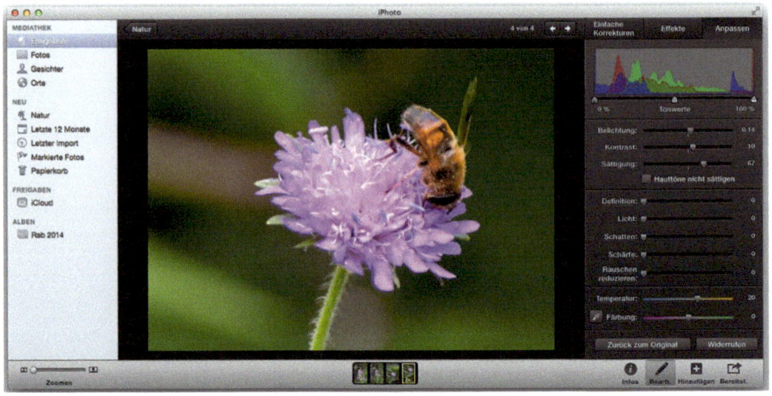

Bild 7.17 Bildbearbeitungsbereich der Software iPhoto

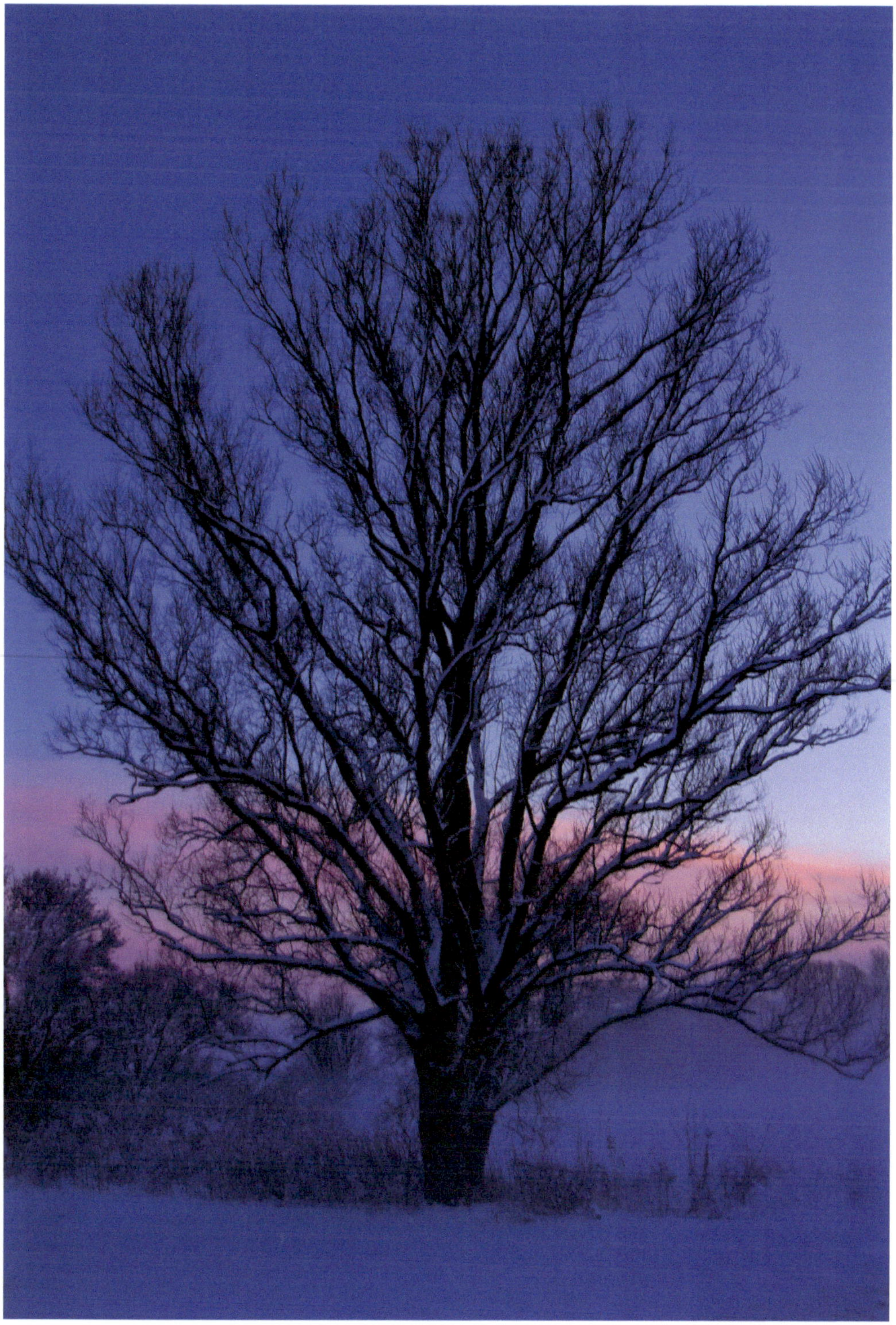

Index

A

Abbildungsmaßstab 47
Adobe Photoshop 142
Adobe Photoshop Lightroom 143
APS-C Kamera 14, 16, 41
Auflösung 32, 94
Autofokus-Betriebsarten 58
Autofokushilfslicht 60
Automatikprogramme 82
Available Light Fotografie 46

B

Beamer 129
Belichtung 28, 57, 67, 69, 72, 87, 91
Belichtungszeit 69, 88
Betriebsarten 58
Bildausschnitt 14, 22, 40, 84, 91
Bildbearbeitung 137
Bildbearbeitungsprogramm 137
Bildgestaltung 82
Bildrauschen 66
Bild-Stabilisator 49
Blende 46, 69, 70, 72, 82, 86, 88
Blendenzahl 69
Blitz 46, 60, 67, 73, 84, 86, 90, 92
Blitzdiffusor 25
Bouncer 25
Brennweite 40
Bridgekameras 12

C

Cloud 136
Crop-Faktor 14, 42

D

Diffusor 25
Display 27, 128
DSLR 13

E

Entfernung 58
externe Festplatte 136

F

Farbtemperatur 78
Fernauslöser 23
Fernseher 128
Festbrennweiten 46
Festplatte, externe 136
Fotogalerie 141
Foto übertragen 130

G

Gegenlichtblende 25
GIMP 140
Gitternetz einblenden 115
Google Fotos 138
Gurt 19

H

Halbautomatiken 72, 82, 83

I

Importieren, Foto 130
Infrarotauslöser 23
iPhoto 144
ISO-Taste 66
ISO-Zahl 66

J

JPG 18, 35, 128

K

Kabelauslöser 23
Kameragurt 19
Kameratasche 21
Kit-Objektive 42
Kompaktkameras 12
Kontrast 60
Kreativprogramme 72, 82, 83

L

Landschaftsprogramm ... 88
Lightroom ... 143
Live-View ... 27, 28, 119

M

Makro ... 47
Manueller Modus ... 82
Messfeld ... 58, 93
Motivprogramme ... 82

N

Nachtporträt ... 87
Nahdistanz ... 60

O

Objektivwechsel ... 50
Ordner ... 135

P

Photoshop ... 141
Photoshop Elements ... 141
Pixel ... 32
Porträtprogramm ... 86, 87
Programm ... 57, 72, 83, 86, 138, 140
Programmautomatik ... 67, 91, 92, 93
Programmwahlrad ... 82

R

RAW ... 32, 35, 129, 140
Rote Augen ... 76

S

Schärfeebene ... 71
Schärfentiefe ... 16, 45, 88
Schärfepunkt ... 28
Serienbildfunktion ... 82, 89
Serienbildmodus ... 59
Slingbag ... 21
Sonnenblende ... 25
Speicherkarten ... 17
Spiegelreflexkamera ... 12, 13, 41, 85, 94
Sportprogramm ... 59, 89
Stabilisator ... 23, 49
Stativ ... 22, 23, 45, 49, 67, 88, 91
Streuchlichtblende ... 25
Sucher ... 27
Systemkamera ... 16

T

Teleobjektive ... 45
trüb ... 78

U

Übertragung, Foto ... 130

V

Verschlusszeit ... 69, 70, 72, 82, 91
Video ... 94
Vollautomatik ... 84, 85, 86, 93
Vollformatkameras ... 15

W

Wasserwaage ... 115

Z

Zoom ... 43

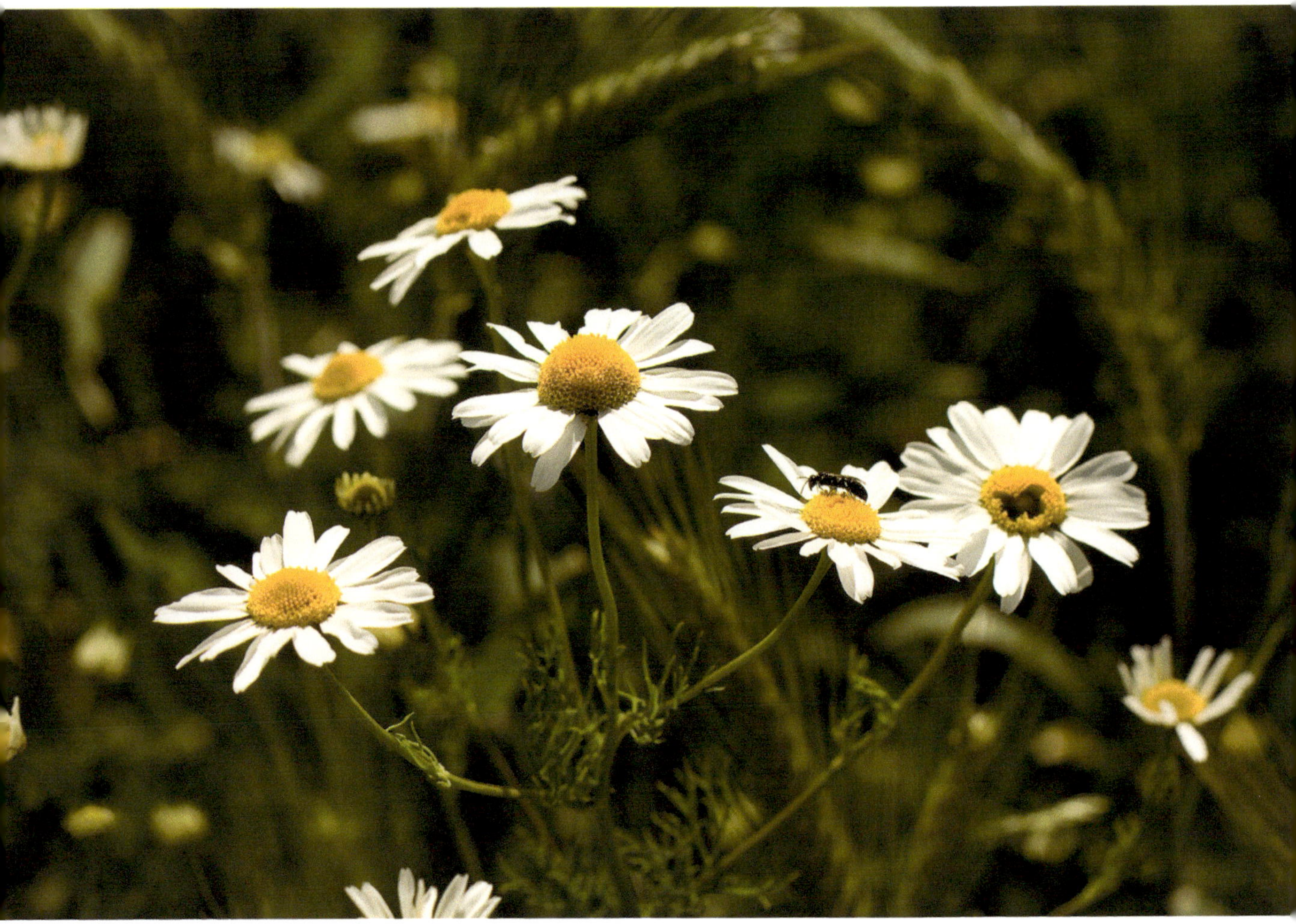

Bildnachweis

Mit Ausnahme der nachfolgend genannten Bilder stammen alle anderen Fotos vom Autor Herrn Ronny Lauer.

Cover vorne:

Fotos mit Creative Commons Zero (CC0) Lizenz von Pexels.com

Cover hinten:

Fotos mit Creative Commons Zero (CC0) Lizenz von Pexels.com

im Buch

Bild 1.7: © lucadp - Fotolia.com; Bild 1.8: © StockPhotosArt - Fotolia.com; Bild 1.9: © etienn280 - Fotolia.com; Kapitelbild Kapitel 2 Objektive: © lightpoet - Fotolia.com; Bild 2.1: © Robert Neumann - Fotolia.com; Kapitelbild Kapitel 3 Autofokus: © Floydine - Fotolia.com; Bild 4.18: © Coffee&IceCream - Fotolia.com; Kapitelbild Kapitel5 Programme: © gpointstudio - Fotolia.com; Bild 7.3: © UMA - Fotolia.com